Local Government Organisation

地方自治体組織論

石原俊彦／山之内稔　[著]

関西学院大学出版会

地方自治体組織論

はしがき

　地方自治体は、住民から負託された政策の推進という重要な役割を担っている。政策の推進にあたっては、ヒト、モノ、カネといった資源を効率的に投入して、成果を可能な限り極大化することが求められる。いわば自治体は単なる執行機関ではなく、「経営体」でもある。企業の浮沈が経営に左右されると同様に、地域の発展は、自治体の経営如何にかかっている。自治体の経営においては、議会、首長、行政委員会等自治体を構成する組織のあり方や、政策推進を担う内部組織のマネジメントが特に重要な課題となる。

　地方自治体の組織を考察の対象とする場合、組織マネジメントからのアプローチと法制度からのアプローチがある。

　まず、組織マネジメントからのアプローチでは現在、地方自治体において、国の地方行革指針に基づき行政改革大綱が策定されているが、このなかで、多くの自治体では、組織に関するものとして「組織・機構の見直し」や「組織の活性化」等を盛り込んでいる。組織・機構の見直しについては、政策課題に対応するため、本庁組織や出先機関等の内部組織をどのように編成するかという観点から、その方向性を明示している。組織の活性化は、職員の職務に関するモティベーションや業務改善への挑戦意欲等を高め、組織のパフォーマンスを向上させようとするものである。これらは、条例や規則等制度のみで対応できるものではなく、自治体に与えられた使命を達成するため、組織を構成する職員一人ひとりの意識や行動をどのように変革するかが課題となる。組織活性化については、職員の意識改革、組織文化、組織風土といったキーワードで語られることが多く、人材育成等人事システムも、議論の俎上にのぼることもある。1990年代後半から始まった三重県の経営品質向上活動や福岡市のDNA運動を嚆矢として現在、県庁組織、市役所組織、役場組織を生活者の視点から問い直し、

根本的に変革しようという取り組みが全国の自治体で展開されている。

　つぎに、法制度からのアプローチからは、地方自治体の組織は、言うまでもなく憲法をはじめ、地方自治法等の法律、各自治体の条例等により設計されている。それゆえ、自治体の組織を考える場合、組織構造や組織編成といった制度設計を押える必要がある。この場合、第1の視点として挙げられるのが、地方自治体の長と議会の関係である。日本国憲法は、議事機関と執行機関の分離を前提として、自治体に議事機関としての議会と執行機関の長を置くものとし、それぞれ直接住民による選挙で選任することとしている。これは、二元代表制と呼ばれており、アメリカの大統領制と比較されることもある。議会と首長で構成される二元代表制を基軸として地方自治法による制度設計がなされ、運用されてきたのが、これまでの自治体の組織であった。現行の地方自治法では、議会と首長は、住民の代表としての立場をともに有し、直接責任を負う。一方、諸外国の例を参考にするならば、現行の憲法の枠内で「シティマネージャー制度」や「首席行政官」といった新たな組織形態も考えられる。

　第2の視点が、首長部局の内部組織の編成である。この場合、行政機構という表現が使われる場合もある。チャンドラーの「組織は戦略に従う」という命題に見られるように、自治体の組織は、自治体の政策の推進主体として政策にふさわしい編成が求められるが、これまでの機関委任事務時代にあっては法定局部制や必置規制等国法による制約のもとで不自由な対応をせざるを得なかった。ところが、1990年代からの地方分権改革、NPM改革の進展により機関委任事務時代の呪縛から解放され、自治体は柔軟な発想で組織編成を志向しはじめた。その動きは、21世紀になって顕著になり、各自治体で地域の実情を踏まえた特色ある組織が登場するようになった。各自治体で取り組まれている組織改革は、決して突然変異的で単発的なものではなく、一定の傾向のもと確かな潮流を形成している。

　本書では自治体組織にアプローチするこうした視点のなかで、まずは自治体組織のアウトラインを把握することが必要であると考え、首長部局の組織編成に焦点を当てて考察を展開している。組織編成の論理は、組織マネジメントの視点、法制度による枠組みの視点に共通するものでもある。

その際、自治体組織をどのように活性化させるか、あるいは首長と議会の新たな関係をどう構築していくのかという視点も重要である。

さらに、自治体の組織編成は、1990年代の地方分権改革、NPM改革を経てどのように変貌してきたのか、また今後どのような方向に行こうとするのか、このような問題意識に立脚して検討を行うことも重要である。本書では最近の動向を把握し、できるだけ将来の姿を見通すことに努めた。本書を執筆するにあたって、われわれ著者は次のような作業を行った。

① 2008年度中に、全国の都道府県、指定都市、中核市、特例市の行政組織図を各自治体の組織所管課に文書で依頼し、提供していただいた。本書における考察の大半は、ここで入手された資料を基礎資料としている。なお2008年度以降、2007年から2010年の間に指定都市は17から19、中核市は35から40に増加し、特例市は44から41に減少している。

② 自治体提供の行政機構図で把握できないところは、各種文献や自治体のホームページにより情報を入手した。

③ 都道府県、指定都市、中核市、特例市以外でも、特色ある取り組みを行っている自治体については、各種文献や自治体のホームページにより調査を行った。

④ 明治時代初期の府県や市町村が設置された頃の自治体の組織編成にも若干の検討を行った。

さて、本書の執筆に際しては、行政機構図を提供していただいた地方自治体の担当課に、深く感謝申しあげる。また、2007年から2008年に自治体の行政機構図の収集、その整理や補足調査、そしてとりまとめ作業、2009年に出版というスケジュールでスタートしたが、完成が大幅に遅れてしまったことを、協力いただいた関係各位にお詫び申し上げたい。昨今の自治体の組織編成の動きはめまぐるしいものがあり、一部の内容については、必ずしも最新のデータに基づいた考察を提供できているわけではないが、本書で展開されている考察は、地方自治体の組織編成のあり方についての一つの集約を示唆しているのではないかと自負している。

なお、本書の校正は、社会人大学院生として関西学院大学大学院経営戦略研究科博士課程後期課程（先端マネジメント専攻）に在籍する丸山恭司氏（岐阜県庁）、木村昭興氏（大阪府柏原市役所）の協力を得た。両氏が博士の学位を取得し、実務と理論の双方の視点から社会貢献できる学徒に成長されることを祈念したい。

　最後に、本書は平成19～22年度文部科学省科学研究費補助金基盤研究A（一般）「産学官連携による日英自治体のNPM実態調査と自治体改革を推進するケース・メソッドの開発」（研究代表者：石原俊彦）の研究成果の一部であることを付言する。

2010年10月1日
中央芝生から時計台を仰ぎつつ

石原　俊彦
山之内　稔

目　　次

はしがき　3

第1章　地方分権とNPM改革の進展
第1節　地方分権の進展　9
第2節　地方自治体におけるNPM改革の進展　11
第3節　NPM改革と自治体職員　13

第2章　自治体組織編成の新たな潮流
第1節　自治体の組織編成と地方自治法　15
第2節　自治体組織編成のキーワード　16

第3章　政策志向化
第1節　政策推進型組織　23
第2節　政策法務組織　32
第3節　少子化対策組織　40

第4章　トップ・マネジメントの強化
第1節　首長のトップ・マネジメントを補佐する組織　53
第2節　企画部門と財政部門　62
第3節　会計管理者とその補助組織　71
第4節　監査組織と内部統制　79
第5節　コンプライアンス推進組織　86

第5章　ボーダレス化

　　第1節　首長と教育委員会　95
　　第2節　幼保一元化組織　106
　　第3節　公共事業部門　115

第6章　集中化・専門化

　　第1節　総務事務組織　129
　　第2節　契約事務と検査事務の集中化組織　137
　　第3節　債権回収組織　143

第7章　多様化

　　第1節　自治体の組織階層　153
　　第2節　試験研究機関　162
　　第3節　特色ある組織　174

第8章　分権化対応

　　第1節　都道府県の市町村担当課　185
　　第2節　市町村合併と自治体組織　191
　　第3節　都道府県の総合出先機関　201

参考文献　209

第1章
地方分権とNPM改革の進展

第1節　地方分権の進展

　1990年代からの地方分権改革は、明治維新、戦後改革に次ぐ近代日本における「第3の改革」ともいわれ、この大きな流れのなかで自治体組織は確実にかつ大きく変容しつつある。

　1947(昭和22)年5月3日に施行された日本国憲法では、その第8章に「地方自治」の項目が設けられ、自治体の首長の公選制を規定し、住民自治を重視する姿勢を打ち出した。同時に、戦後改革の一環として、教育行政における教育委員の公選制、警察行政における自治体警察の創設などの分権化・民主化が進められた。1949（昭和24）年にシャウプ使節団による税制改革案の勧告、翌1950（昭和25）年に神戸委員会の行政事務再配分に関する勧告が出されたが、ほとんど実現には至らず、1951（昭和26）年にリッジウエイ声明により占領政策の見直しが表明され、自治体警察が都道府県警察に再編されるとともに、教育委員会公選制が廃止されるなどの政策が推進された。

　高度経済成長期には、建設省や農林水産省が1963（昭和38）年に地方出先機関を新設・強化する等中央省庁の縦割行政が伸張するとともに、道路法や河川法が1964（昭和39）年に改正され、それまで都道府県知事が有していた管理権限が国に移行するなど、集権化の動きに拍車がかかった。1960年代に進められた集権化は、「新中央集権」と呼ばれている。この時期、地方制度調査会が行政事務再配分やそれに伴う財源配分に関する答申を行なうとともに、第1次臨時行政調査会は、現地性、総合性、経済

性という新しい事務再配分の原則を提案した。

　1970年代後半から国の財政は、危機的な状況に陥り、1981（昭和56）年に財政再建を目的とした行政改革を進めるため、政府は土光敏夫氏を会長とする第2次臨時行政調査会（第2臨調）を設置した。第2臨調は、5回にわたって答申を提出したが、国と地方との関係では、地域性・効率性・総合性という基本的視点に基づいて見直しを図ることや、地方出先機関、地方事務官、補助金、機関委任事務、国の関与・必置規制の整理合理化について提案を行った。また、1987（昭和62）年に設置された臨時行政改革推進審議会（第2次行革審）は、「地方公共団体に関する国の関与・必置規制の整理合理化に関する答申」を提出し、都道府県連合、市町村連合、地域中核都市構想などを提案した。第2次行革審の後継として、1990（平成2）年に設置された臨時行政改革推進審議会（第3次行革審）は、パイロット自治体を提唱したほか「官から民へ」、「国から地方へ」の考えを明確化した。

　1993（平成5）年6月の衆議院および参議院での「地方分権の推進に関する決議」が端緒になって、地方分権改革は加速度的な動きを見せることになる。1994（平成6）年に村山内閣において「地方分権の推進に関する大綱方針」が決定され、これに基づき1995（平成7）年に地方分権推進法の制定、地方分権推進委員会の設置という経過をたどっていった。地方分権推進委員会は、5次にわたって勧告を行い、政府はこれに基づき、地方分権推進計画を策定した。これをベースとして1999（平成11）年に地方分権一括法が制定され、中央集権型の行政システムの中核的な役割を担っていた機関委任事務が廃止されるとともに、自治事務と法定受託事務が創設された。さらに、地方自治体と国の関係についての新たなルールが定められるとともに、国から地方への権限移譲や必置規制の見直しも行なわれた。その結果、国と地方の関係、すなわち中央政府の各省庁と地方自治体の関係は、それまでの「上下・主従」から「対等・協力」の関係へと改革された。地方分権推進委員会は、2001（平成13）年に最終報告を提出してその役割を閉じるが、「今次の分権改革の成果は、これを登山にたとえれば、まだようやくベースキャンプを設営した段階」と論じた。同年4月

に小泉内閣が発足し、地方分権改革推進会議が設置され、地方分権推進委員会が最終報告で指摘した課題を引き継ぐこととなった。同会議は、「事務事業の在り方に関する意見」「三位一体の改革についての意見」等を提言し、2004（平成16）年に大きな成果を残すこともなく解散した。逆に、2003（平成15）年に実施された三位一体改革は、2004年度から2006年度の3年間で、3兆円の税源移譲、5兆円の地方交付税削減、4.7兆円の国庫補助金の削減という地方自治体に極めて不利なものであり、自治体関係者は国に対する不信感を増幅させた。いまだに、「三位一体改革」は地方を疲弊させた元凶として語られている。2006（平成18）年に発足した安倍政権は、地方分権を重要な政策課題として位置づけ、地方分権改革推進法の制定や地方分権改革推進委員会の設置に取り組んだ。地方分権改革推進委員会は、国から地方への権限移譲、国の出先機関の統廃合、義務付け・枠付けの見直しなどについて3回にわたって提言を行ったが、実現に至ったものは多くはない。2009（平成21）年に実施された総選挙で政権の座についた鳩山民主党内閣は、地域主権を掲げ、地方分権改革推進委員会の勧告を踏まえた施策を実施するため、同年11月に内閣総理大臣を議長とする地域主権戦略会議を発足させた。20世紀末の分権改革は、第1次分権改革とも称せられるが、政権が代わっても、第2次、第3次の分権改革を目指して現在もなお進行中であるといえる。

第2節　地方自治体におけるNPM改革の進展

　NPM（ニュー・パブリック・マネジメント）は、自治体の行財政運営に民間企業における経営手法・理念である、顧客志向、戦略・ビジョン、権限移譲・分権化、競争メカニズムの活用、成果指向、説明責任等を求めたところに大きな特徴が認められる。NPMは、自治体の行財政運営において、多くの局面でこれまでとは異なった手法を提供するが、組織面では、フラット化や大括り化といった特徴を示す。また、地方分権改革とNPMとは、ほとんど同時期に登場したが、地方分権改革が、国政の

政治課題として浮上し、政府による国法の改正という形で進んだのに対し、NPMは自治体自らが改革の手法として能動的に選択したことに注目すべきである。三重県、福岡市等先進的な自治体では、改革派首長のもと1990年代から改革に着手したが、その初期段階から実践の指針としてNPMが意識されていた。

　1990年代後半の橋本行革で、中央省庁の「大括り化」再編、独立行政法人、企画と執行の分離など、イギリスのサッチャー政権のもとで採用されたNPM的手法が導入された。一方、中央省庁の再編がスタートした2001（平成13）年6月に策定された「今後の経済財政運営及び経済社会の構造改革に関する基本方針」（骨太の方針2001）において新たな行政手法としてもNPMが取り上げられる。同年10月に総務省は2つのNPMに関する研究会を立ちあげた。1つは、行政管理局が設置する「新たな行政マネージメント研究会」であり、もう1つは、自治行政局による「地方行政NPM導入研究会」である。前者の「新たな行政マネージメント」は、NPMのことであるから、1つの省でNPMに関する研究会が同時期に別々の局により設置されたこととなる。前者の研究会において、静岡県、三重県、福岡市、瀬戸市（愛知県）といった自治体の先進的な取り組みを紹介していることは特筆すべきことである。政府部内でようやく研究に着手したばかりの時点で、地方自治体にはNPMがすでに存在していたのである。

　地方制度を調査・審議する地方制度調査会において、NPMそのものが会議の俎上にのぼった形跡は見られない。ようやく2004（平成16）年5月に地方への「お奨め商品」として地方分権改革推進会議の最終報告に登場する。このなかで、「『新しい行政手法』（いわゆるニュー・パブリック・マネジメント）の考え方は、近年、諸外国において採り入れられて一定の成果をあげている」とし、「我が国においても、地域の実情や提供する行政サービスの内容に即して、諸外国におけるこうした考え方の長所を適用する等、地方公共団体の行財政運営改革に活かしていくことが必要である」と提言された。この時すでに多くの自治体では、NPMの基本ツールである行政評価、PFI等の導入が進んでいたのである。自治体が、国から「指導」されることなく、自らの発想で独自の手法により改革を進める

ことは、非常に画期的なことである。他方、政府も、地方自治体を対象として地方独立行政法人制度や指定管理者制度など、NPM 的手法を組み込んだ制度の創設を着々と進めてきた。

第 3 節　NPM 改革と自治体職員

　1990 年代から現在に至る時代状況、とりわけ地方自治体を取り巻く状況について考えてみたい。1990 年代はじめのバブル経済崩壊後の不況を脱するため、自治体は、税収が落ち込む中、国の要請に応え次々に公共事業を中心とする景気対策に取り組み、基金を取崩すとともに地方債を増発した。その結果、多くの自治体は、膨大な借金を抱え、それを解消するため、歳出削減が迫られた。リゾート開発に代表される大型の地域開発が地域活性化の切り札でないことも多くの人々に認識されるようになった。

　同時期に、一部自治体においてカラ出張等の不正経理が発覚し、マスコミにより公務員はバッシングの対象とされ、自治体の職員の間には閉塞感が漂っていた。一方、自治体組織の体質を改善しなければ、住民から見放されるという危機意識を持った職員が登場したことも事実である。このような職員たちにとって NPM は、格好のツールとなったし、また、1990 年代後半からの改革派首長の取り組みが脚光をあびるにつれ、職員たちの動きに拍車がかかり、全国の自治体に広がっていった。

　NPM の考え方は、従来の行政のありようを抜本的に変える革命的なものであった。それまでの行政職員、特に官房系の部門の職員の中には、明治時代以来の官尊民卑の考え、官治的思考から脱却できないものも多く、行政と民間とは一線を画すことは当然であるという意識が支配的で、民間から学ぶという発想は少なかった。NPM は、その考えを根底から覆すものであるから、はじめて触れた者にとって衝撃的であったと考えられる。NPM を学んだ職員たちは、既存の制度を固定的に考えずに、自由な発想で新しい仕組みを考えていこうとした。そのなかで、熱い改革マインドと深い探究心を持つ者もあらわれ、新たな動きが見られるようになった。

まず、自治体職員間のネットワーク構築である。これは、改革の志を共有する全国の自治体職員たちが、電子ネットワーク上で意見交換等を行なうとともに、時には一堂に会して学習会を開催して自己研鑽を図ろうとするものである。会員相互の情報交換にはメーリングリストが活用されるなどITの進展はこれらの動きを支えた。情報交換を通じて職員たちは、他の自治体の状況を知ることができ、それを自らの自治体の改革へとつなげていくことを可能とした。

つぎに、専門職大学院等での研鑽である。自治体職員が大学院や国設の自治大学校等専門的な機関で学ぶケースの多くは、任命権者が大学院等への派遣を当該自治体の人材育成として位置づけたものであり、当然人事主管課が選抜・指名するものであった。したがって、研修に要する経費は当該自治体が負担するのが一般的であるが、最近大学院等に自発的に進学し、自らのキャリアをアップさせる職員が見られるようになってきた。もちろん、進学に要する経費は自己負担であり、平日であれば勤務終了後、土曜日は終日、集中講義には有給休暇を取得して講義を受講するのである。自治体職員間のネットワーク構築や専門職大学院等での研鑽は、いずれも自治体職員が職場を飛び出して自治体改革について他の自治体の職員と議論を深め、あるいは改革の理論を習得しようとするものである。

このような職員たちの営みは、江戸時代の末期に薩摩藩や土佐藩等の下級武士が自分の所属する藩を超えて横の連携を構築したことや、長州藩士が松下村塾で熱心に学問を学んだことと共通するというのは過言であろうか。NPMを学習することによって獲得された、自由な発想、固定観念を打破する闊達な意思等は、自治体の組織編成においても顕著に発揮されるようになった。

第2章
自治体組織編成の新たな潮流

第1節　自治体の組織編成と地方自治法

　日本国憲法と地方自治法は同じ日、1947（昭和22）年5月3日に施行された。日本国憲法では、それまでの大日本帝国憲法と異なり、その第8章に「地方自治」の規定を設けたことは画期的なことであったが、地方自治法は自治体の根幹である自主組織権を、大きく制約していた。とりわけ都道府県の知事部局は、地方自治法により国の省庁とほぼ相似形の局部組織が置かれ、機関委任事務の適正な執行を確保することに重点が置かれた組織編成となっていたといえる。

　すなわち、制定直後の地方自治法第158条では、都道府県が設置すべき局や部の名称と分掌事務を具体的に明示していた。これは、「局部法定制」と呼ばれているが、1956（昭和31）年に、府県の人口段階に応じて標準的に設置すべき局部を定める「標準局部制」に改められた。その後、1991（平成3)年に第2次臨調による「国と地方の関係等に関する答申」を受け「標準局部制」は人口段階ごとに都道府県の局部の数のみを規定する「法定局部数制」に見直された。2002（平成14）年の地方分権改革推進会議による「事務事業のあり方に関する意見―自主・自立の地域社会をめざして―」で、都道府県の組織編成に関する規制を撤廃するよう指摘があったため、2003（平成15）年の地方自治法の改正により法定局部数制は廃止されたが、同法は依然として都道府県が内部組織に関する条例を制定・改廃した場合には総務大臣に届け出ることを義務づけている。

　国による自治組織権の制約については、地方自治法のほか個別法による

必置規制が今もなお存在している。必置規制とは地方分権推進法第5条で「国が、地方公共団体に対し、地方公共団体の行政機関若しくは施設、特別の資格若しくは職名を有する職員又は附属機関を設置しなければならないものとすること」と定義されている。このような必置規制は、1990年代の地方分権改革のなかで緩和・撤廃され、たとえば児童相談所の組織・名称に関する規制や公立図書館の館長の資格に関する規制などの見直しが図られた。このような自主組織権の拡充は、自治体の自己決定権を支えるものとして位置づけることができる。

　1990年代後半から地方自治体は、地方自治法をはじめとした国の法律による制約がありながらも、組織編成において次々と新しい挑戦をこころみるようになり、ダイナミックで堰を切ったかのような様相を呈している。この大きなうねりの表層に地方分権の進展があったことは紛れもない事実であるが、底流から支えるものとしてNPMの存在を見逃すことができない。21世紀になると地方分権とNPMを両軸として自治体組織の編成に新たな潮流が登場するが、これを概括すれば、政策志向化、トップ・マネジメントの強化、ボーダレス化、集中化・専門化、多様化、分権化対応といった基礎概念に集約することができる。

第2節　自治体組織編成のキーワード

1　政策志向化

　地方分権改革は、先に述べたように中央と地方の関係を上下・主従から対等・協力へと抜本的に改めると同時に地方自治体には、自己責任・自己決定を迫るものでもある。国が政策を企画立案し、自治体が実行するというこれまでの仕組みを自治体が企画立案から実行までを責任をもって担うという仕組みに変えていくことになる。もはや、機関委任事務時代のように国にあらゆることを依存することはできないのである。地方分権時代にあっては、自治体は、自らの責任で地域を経営し、そして地域の将来ビ

ジョンとそれをどのように実現していくのかという戦略が求められる。自治体は地域における政策・戦略の立案や実行の主体になることが期待されてくる。このことは、自治体も十分認識し、政策を担う主体としての体制の整備が2000年代になって加速しており、自治体の組織編成に政策志向化が明確に認められ、従来の事務執行重視型組織から政策推進重視型組織に転換する動きが顕著である。

　少子化対策など新たな政策課題については、縦割組織では十分な効果が発揮できないことから、横割組織の編成も見られる。従来の企画部門の代表格であった「企画部」が2000年代になって次々と「政策部」等とその名称に「政策」を取り込んでいることも、政策志向化の表れであろう。また、「政策」とは縁のなかった、自治体の法務組織が、「政策法務」という新たな装いのもと、政策部門に脱皮しつつあることにも注目すべきであろう。政策の実現手段として立法行為を位置づけ、その業務を法務部門が担うという図式である。先進的な自治体では、法務担当を政策部のなかに置くところもあらわれている。

2　トップ・マネジメントの強化

　地方分権の進展に伴い、地方自治体は地域の実情に応じて独自の経営を行なうことが必要となっている。地域経営の成否を左右するのは、首長をはじめとしたトップ・マネジメントであるともいわれている。一方、首長がローカルマニフェストに掲げた政策を確実に実行するには、行政ニーズが高度化・多様化する中にあって、首長のトップ・マネジメントをサポートする体制を強化することが求められるようになってきた。このようなことを背景に、多くの自治体で組織編成においてトップ・マネジメントを強化する動きが着実に進んでおり、このことは、民間企業の経営手法の導入を特徴の1つとするNPMと軌を一にしているといえる。

　トップ・マネジメントの強化を制度面で支援するものとして、2007（平成19）年に導入された副知事・副市町村長制度および会計管理者制度がある。首長のトップ・マネジメントを支える官房系組織として企画部門の

存在が大きいが、1990年代から2000年代にかけて政策志向化の流れとあいまって企画部門から政策部門へと脱皮する動きも顕著になっている。2000年代に多くの地方自治体では、物品調達を巡って裏金問題などの不祥事が続発したことは、記憶に新しい。不祥事は、自治体経営の基本となる住民の自治体への信頼を損なうものであり、ガバナンスの確保は、マネジメントの問題であると認識すべきである。不祥事が発生するたびに、監査機能の充実・強化が議論されているが、今日ほど、その重要性が認識されている時代はない。地方分権時代には、何よりも自治体の自律性が求められるからである。事後チェックとしての監査制度と事前の予防ルールとしての内部統制が車の両輪となって住民の信頼性確保のシステムを確立することが期待される。併せて自治体では、職員のコンプライアンスの確保が重要な課題として浮上している。

　トップ自身がすぐれた倫理観を有するとともに、適正な判断を行なうことが要求され、コンプライアンスの確保をトップ・マネジメントの問題として受け止めることが重要となっている。たとえば、2006（平成18）年に横浜市では政治資金規正法違反事件を踏まえ、トップ・マネジメント改革の取り組みとして、庁内コンプライアンス推進体制を整備するとともに、公認会計士等で構成される外部評価委員会を設置した。その他いくつかの自治体でも、コンプライアンス推進のための専任組織が設置されており、首長直属という形態も多く見られる。

3　ボーダレス化

　ボーダレス化という言葉は、グローバル化と同様、市場経済の国際化をあらわすものとして使われてきた。1990年代から2000年代にかけて、私たちは市場経済ばかりではなく、多くの局面でボーダレス化に遭遇することとなった。その1つに、放送と通信の融合を挙げることができる。従前、「放送」は片方向で「1対多」で情報を伝達するもの、「通信」は双方向で「1対1」のコミュニケーションを図るものと定義されてきた。IT革命の進展に伴って、「通信」手段であるインターネット回線を介してパソ

コンでテレビ「放送」を視聴することも可能となっている。「放送」と「通信」という既成概念が瓦解して、「放送」と「通信」の境界が不明になっているのが今日の状況である。いわば、「放送」と「通信」のボーダレス化が進んでいるのである。

　ボーダレス化は、自治体の組織編成についても確実に進行している。自治体の行政組織は、機関委任事務時代の法定局部制に代表されるように、国の省庁の組織に準ずるように編成されることが多かったが、このような縦割組織は総合的な政策を推進するうえで、多くの弊害が指摘されてきた。たとえば、幼保一元化の問題である。幼稚園と保育所は、いずれも子育て支援施設としての役割は重要であるが、前者が学校教育施設、後者が児童福祉施設として位置づけられ、所管省庁も、文部科学省と厚生労働省、自治体では、教育委員会と福祉部局に分かれており、縦割行政による弊害が指摘されてきた。

　縦割の組織編成が内在する問題を打開するため、組織の垣根を低くし、あるいは境界を撤去すること、すなわち「ボーダレス化」が進んでいくものと考えられる。実際に組織のボーダレス化はこれまで縦割りが強固であった公共事業部門間や、地方教育行政法によりその権限が明確に区分されていた教育委員会と首長部局間などにおいても、2000年以降徐々にではあるが進行しつつある。

4　集中化・専門化

　地方自治法では、地方自治体は事務処理にあたって「最少の経費で最大の効果をあげるようにしなければならない」と定められているが、この規定にかかわらず地方自治体には日頃より事務処理の効率化が求められており、普遍的な課題であるといえる。事務処理については、各所属長（課長・室長等）のもとで執行・管理される「分散方式」と、庁内の特定の所属が集中的に執行・管理する「集中方式」がある。2つの方式の中間的なものとして、部内の特定の所属が集中的に執行・管理する「分散・集中方式」がある。事務の集中化に適した業務は、各部門に共通、あるいは類似の事

務である。これにより、専門化や標準化が促進される効果が期待できる。地方自治体では、これまで試行錯誤しながら、3つの方式を使い分けて事務の効率化を進めてきた。

　2000年代になって都道府県で新たに登場した組織として「総務事務センター」がある。この組織は、2002（平成14）年に静岡県が全国ではじめて設置したが、瞬く間に全国に広がり、すでに過半数の都道府県が名称の如何を問わず設置している。総務事務センターの特徴は、それまで各課がそれぞれ行ってきた給与、旅費、福利厚生等の総務事務を集中的に実施することである。いわば、総務事務の集中方式の究極の形であるといえる。多くの県で総務事務センターが設置されるようになった背景には、国からの職員数の削減要請が大きいと考えられるが、千葉県や大阪府等一部の府県では、総務事務の集中化を進めるにあたってアウトソーシングの手法やITを活用していることにも注目すべきであろう。

　公共工事や物品の調達に関する契約や検査の業務も、多くの自治体で集中化組織により担われている。特に、公共工事については、行政の公正性、透明性の確保の観点から近年「集中方式」が顕著になっている。

　三位一体改革に伴う国からの税源移譲により、地方税をはじめとした地方自治体の自主財源の比率は高まる一方である。自治体が確保すべき債権は、地方税ばかりではなく、国民健康保険料、保育料などの税外債権もあり、住民意識の多様化や景気低迷の影響により滞納額は累増する傾向にある。債権回収対策を強化し、収入未済額を圧縮することが、自主財源確保の観点からも重要である。地方税の滞納者は、当該自治体の他の債権についても、滞納していることが多いといわれ、自治体の債権回収のための一元化組織を設置する動きも見られつつある。

5　多様化

　中央集権システム全盛の時代にあっては、中央政府は、その政策を全国あまねく普及・浸透させるため、地域の個性や実情を重視するよりも、全国が均質になるように施策が推進されてきた。法令や統一した基準、指針

により、地方自治体の創意や工夫は制約され、地域の独自性は極力抑えられてきた。明治時代初期のように、欧米列強から開国を強いられ、これらの国を追いかけ、追い越そうとするときは有効だったかもしれない。しかしながら、現代の日本のように成熟した国では、北海道から沖縄までを画一的な政策で律することは、地域の固有の文化や風土を喪失させ、個性を奪ってしまうことが懸念される。これが、20世紀までの日本の実態であり、一言で表現すれば、「画一性」の時代であった。地方分権の時代にあっては、住民が、自らの地域について、自分たちで考え、住みよい地域づくりを行っていくことが求められる。各地域で自然や地形が違うように、地域の住民のニーズに応じて、自治体の政策も異なってくるのは当然といえるであろう。19世紀や20世紀が「画一性」の時代であったのに対し21世紀は「多様性」の時代となることが期待される。

　これを自治体の組織編成について見ると地方分権改革の結果、自治体はようやく自主組織権を獲得するとともに、NPM改革によりこれまでの制約にとらわれない自由な発想ができるようになった。その結果、自治体の組織編成は、1990年代以降極めてバラエティに富むものになってきた。2000年代になって実施された自治体の組織改正は、社会経済情勢の急激な変化に伴って複雑・多様化する行政需要に対応していこうとする自治体の力強い意志が表れているように感じられる。これまで、地方自治法に従いつつ、他の自治体の動向も踏まえながら編成されていた自治体の組織は、多様性を競い合っているかのようである。その顕著な例として、自治体の組織階層をあげることができる。これまでは、東京都や指定都市では、「局―課」制、道府県やその他の市では、「部―課」制が組織階層の基本であった。特に、道府県では、地方自治法により「局―課」制を採用することができなかったが、1990年代以降、組織階層を形成するうえでの固定的、硬直的な秩序は瓦解し、「部―室―課」「部―局―課」「本部―課」など多様性に富むものとなっている。

　また、明治時代以来、地域の産業振興や生活環境の保全に貢献してきた自治体の試験研究機関において、多様な組織形態を模索する動きがあらわれるとともに、地域の直面する課題に対応するため他の自治体にはない特

色ある組織を設置するところも多くなっている。

6　分権化対応

　地方分権改革が、自治体組織の随所に多大な影響をもたらしたことはすでに述べたとおりであり、上記のキーワードで表現される組織編成の潮流は、大なり小なり地方分権改革の所産であるといえる。地方分権の進展は、地方自治体間すなわち都道府県と市町村との関係にも変革をもたらした。機関委任事務制度のもとで、都道府県知事は市町村が機関委任事務を処理する場合に包括的な指揮監督権を有し、都道府県は市町村よりも優越的な位置にあり、都道府県が市町村に指揮・命令するのは当然という考えが支配的であった。

　地方分権時代には、制度面だけではなく実質的にも「上下」から「水平」の関係に転換されなければならず、補完性の原理のもと地方自治の主役は市町村であることが確認されている。都道府県―市町村間の関係変革の象徴が都道府県の「地方課」の変貌である。明治以来100年近く存続していたこの組織は、市町村の指導監督を基本的な役割としてきたが、地方分権の怒涛のなかで、次々と名称や役割の変更を余儀なくされた。

　地方分権の推進を標榜した「平成の合併」により市町村数は、1999（平成11）年3月の3,232から2010（平成22）年3月の1,727へと約53％に減少した。合併して新たに誕生した市ではその規模や能力が増大した結果、合併前に比べ組織の充実・強化が図られている例を多く目にする。一方、都道府県の行政組織、特に出先機関は合併の結果、管内の市町村数が減少するとともに、事務・権限が拡張した指定都市、中核市等が増加したため、統廃合を迫られているところも見られる。

第3章
政策志向化

第1節　政策推進型組織

　地方分権改革により国と地方の関係は、上下・主従であったものが、対等・協力へと大きく変化した。知事・市町村長は、住民から選挙で選任された地域代表という存在であるにもかかわらず、機関委任事務時代にあっては、国の主務大臣の下部機関としての役割を担っていたが、機関委任事務が撤廃されたことにより、自治体の行政裁量権が増大した。

　国が政策を企画立案して地方が実行するという中央集権システムにおける構図は、政策の成否に誰が責任を負うか不明確であったが、地方分権改革は自治体の自己決定・自己責任をスローガンに掲げ、自治体の自立を促した。このことは、自治体に対し政策形成主体への脱皮を迫るものであった。自治体は、各地域で自然や風土が異なるように、独自の課題や問題を抱えている。政策は課題や問題を解決するための地域の知恵と工夫といっても過言ではなかろう。政策は、中央政府から与えられるものではなく、自治体自らが政策を編み出すことが求められる。

　いま、自治体の行政機構図を広げると「政策」を付した組織が、どの自治体でも最低2、3は設置されている。自治体が政策を形成し、推進する主体として自ら認識していることの現れであろう。

　本節では、中央集権システム下の自治体組織の特徴を明らかにするとともに、地方分権時代に最もふさわしい政策推進型組織の確立を目指す自治体の取り組みを紹介する。

1　従来型自治体組織

　従前の都道府県の内部組織は、地方自治法が制定された当初は戦前の地方官官制等を引き継ぐ法定局部制が採られ、その後は標準局部制から法定局部数制へと次第に緩和されたものの、自由な組織編成に多大な制約が課せられていた。国の行政組織や他の都道府県の組織との権衡も求められる等、自主組織権が保障されたものとはいい難い状況であった。市町村については、都道府県ほどの制約はなかったものの、他の市町村との権衡を確保することが求められていた。

　必置規制による国の関与については、地方分権改革で緩和・廃止されたものもあるが、依然として都道府県、市町村を問わず残存している。法定局部制―標準局部制―法定局部数制は、機関委任事務を前提として国の各省庁の組織編成を反映したものとなっていた。制定当時の地方自治法第158条では「都道府県知事は、その権限に属する事務を分掌させるため、左に掲げる局部を設けるものとする」と規定され、東京都に総務部、会計部、民生局、教育局、経済局、建設局、交通局、水道局、衛生局および労働局の10局部、道府県に総務部、民生部、教育部、経済部、土木部、農地部、警察部の7部の設置が義務づけられるとともに、各局部の分掌事務が仔細に定められていた[1]。

　1956（昭和31）年の地方自治法改正により、法定局部制は標準局部制に移行することとなり、条例で、都に10局、道に9部、人口250万以上の府県に8部、人口100万以上250万未満の府県に6部、100万未満の府県に4部を置くものとされ、局部の名称および分掌する事務が例示された。たとえば、人口100万以上250万以上の府県で設置することとされた6部の名称および分掌事務は、図表3-1のとおりであるが、これはほぼ当時の国の省庁に対応した縦割りの組織であったということができる。

　そして、多くの道府県では、関係部の幹部職員に国の省庁から職員の出向を受け入れていたといわれる。このことは、とりも直さず都道府県は国の下部機関として法令に定められた事務を国の指揮監督のもと適正に執行することが最重要視されていたことに他ならない。いわば都道府県の組織

は事務執行重視型組織であったのである。地方分権の進展を背景とした、2003（平成15）年の地方自治法の改正では、法定局部数制が廃止され、自治体において事務執行を重視した従来型の組織編成から脱皮し、地域の経営主体として課題にいかに的確に対応するかといった観点からの組織編成を目指してさまざまな取り組みが顕著になっている。

図表3-1　地方自治法で例示された部およびその事務分掌

（人口100万以上250万未満の府県）

部の名称	分掌事務	対応する国の省庁
総務部	①職員の進退及び身分に関する事項②議会及び府県の行政一般に関する事項③府県の予算、税その他の財務に関する事項④市町村その他公共団体一般に関する事項⑤統計、広報、条例の立案その他の所管に属しない事項	自治庁、総理府（統計）
民生労働部	①社会福祉に関する事項②社会保障に関する事項③労働に関する事項	厚生省、労働省
衛生部	①保健衛生に関する事項②保健所に関する事項	厚生省
商工部	①商業及び工業に関する事項②物資（農林水産物資を除く）の配給及び物価の統制に関する事項③計量及び高圧ガス等の取締に関する事項	通産省
農林部	①農業、林業及び水産業に関する事項②農地関係の調整に関する事項③開拓及び入植に関する事項④農林物資の配給に関する事項	農林省
土木部	①道路及び河川に関する事項②都市計画に関する事項③住宅及び建築に関する事項④港湾その他土木に関する事項	建設省、運輸省

（出所）　旧地方自治法（1956年改正後）第158条などをもとに筆者が作成。
（注）　　省庁名はいずれも1956年当時のものを記載。なお、当時の自治庁は総理府の外局であった。

2　分権型自治体組織

　地方自治体の内部組織は、地方自治法により首長の直近下位組織（たとえば、都道府県にあっては局あるいは部、市町村にあっては部あるいは課）については、条例で定めることとなっており、多くの自治体では「部設置条例」が制定されている。課や室などの下位組織については、規則等で定め、公報で住民に公表するのが一般的である。部の名称や分掌事務を規定している部設置条例において、部の数や名称は旧来とは異なるものの、その分掌事務は、改正前の地方自治法とほとんど変わっていない事例が多く見られる。

　たとえば、2008（平成20）年時点のA県の部制条例の各部の分掌事務を図表3-2に示しているが、これと1956（昭和31）年改正後の地方自治法に例示された人口100万以上250万未満の府県の各部の分掌事務を対比させると旧来とあまり変化していないことがわかる。これはA県ばかりではなく、多くの自治体にも該当することであろう。法制執務上、条例や規則には、簡潔にして要点のみを記載することが原則であるから、「〇〇に関する事項」といった表記は、何ら問題はなく、多くの自治体がこのような表現形式を採っていることは、一定理解できることである。

　しかしながら、部設置条例や行政組織規則には、分掌事務だけを盛り込めば事足りるのであろうか。機関委任事務時代のように、自治体は国の下請け機関として法令通りに事務を執行していれば十分であり、そのために内部組織は事務執行重視型にならざるを得なかった時代は終焉したのではないだろうか。

　地方分権時代においては、自治体はそこに住む住民の幸福を第一に考え、自らの政策を構築・展開することが重要である。このため、現在求められているのは、政策推進や住民満足度に軸足を置いた組織編成であり、そのことを条例や規則に表現することが必要であると考えられる。たとえば、条例や規則に組織の任務や使命、政策目的を盛り込むことも1つの方法である。実際に豊橋市（愛知県）では「豊橋市の政策推進における部等の役割を定める条例」を新たに制定し、部局の役割を明確にした。また、

図表 3-2　A県の各部の分掌事務（2008年）

部の名称	分掌事務
総務部	①職員の進退及び身分に関する事項②議会及び県の行政一般に関する事項③県の予算、税その他の財務に関する事項④市町村その他公共団体一般に関する事項⑤統計、広報、条例の立案その他の所管に属しない事項
企画振興部	①県政の総合的企画及び連絡調整に関する事項②総合計画及び地域振興に関する事項③統計及び広報に関する事項④県民生活の安定及び向上に関する事項
健康福祉部	①社会福祉に関する事項②社会保障に関する事項③保健衛生に関する事項
環境部	①公害の防止に関する事項②生活環境及び自然環境の保全に関する事項
商工労働部	①商業及び工業に関する事項②計量に関する事項③労働に関する事項④観光交流に関する事項
農林部	①農業、林業及び水産業に関する事項②農地関係の調整に関する事項③開拓及び入植に関する事項④土地改良に関する事項⑤農林物資の配給に関する事項
土木部	①道路及び河川に関する事項②都市計画に関する事項③住宅及び建築に関する事項④港湾その他土木に関する事項

（出所）　A県部制条例をもとに筆者が作成。

縦割組織の弊害を克服するため、佐賀県のように目的指向型の組織編成や横割り組織体制への再編を行った自治体も見られる。

Case 1　条例による組織の役割の明確化＝豊橋市

豊橋市では、2004（平成16）年3月にそれまでの部等設置条例を廃止し、「豊橋市の政策推進における部等の役割を定める条例」を制定した。この条例では、市の行政組織を政策・施策を柱とした政策推進型組織へと転換するため、市長部局の組織について、政策の推進を担うものとして明確に位置づけた。また、行政組織は、市の基本計画に掲げた政策との連動・整合を図る観点から、政策に対応する各部の役割を明示したものである。環

境部の例を示すと図表3-3のとおりであるが、これまでの条例にはない画期的なものとなっており、何よりも、部の役割が市民にわかりやすい表現になっているところが高く評価される所以であろう。このような背景にあるのが、それまでの行政評価の積極的な取り組みである。同市では、2000（平成12）年に行政評価推進室を設置して庁内の推進体制をスタートさせ、その後事務事業から政策・施策まで一体となった行政評価を進めてきた。

こうした行政評価の取り組みは、同市のマネジメントにさまざまな波及をもたらしている。評価結果は改革改善調書により予算編成に反映されるとともに、事務事業の移管や組織の見直しが行なわれている。また、行政評価が軸となって政策を所管する企画部門と予算編成を担当する財政部門の有機的な連携が図られるようになった。政策と組織の一致を目指した本条例の制定も、行政評価を中心とした政策マネジメントの取り組みの一環として位置づけられるであろう。

図表3-3　豊橋市の政策推進における部等の役割を定める条例（抜粋）（2008年）

（部等の役割）
第3条　前条に定める部、病院及び組織（以下「部等」という。）は、市民の視点に立った具体的な目標を掲げ、相互の連携により的確に役割を遂行するものとする。
2　部等の役割は、次のとおりとする。
(1)-(5)　省略
(6)　環境部
　ア　生態系の保全、自然とのふれあいの場の創出、自主的な環境配慮活動の促進などにより、自然環境の保全と継承を図る。
　イ　省資源、省エネルギー対策の総合的な推進や新エネルギーの利用促進により、環境負荷の少ない社会の形成を促進する。
　ウ　環境監視体制の充実、公害発生源への指導、大気・水環境の保全・啓発などを行うことにより、環境汚染の防止を図る。
　エ　ごみ減量・資源化の促進など総合的な廃棄物対策の推進により、資源循環型社会の形成を促進する。
(7)-(13)　省略

Case 2　規則による組織のミッションの明確化 = 和歌山県

　和歌山県では、2008（平成20）年に「行政組織規則」を全面的に改正し、課題対応型の組織を目指す「任務型規則」に改めた。任務型規則とは、同県の資料によれば、次のように説明されている。

① 組織としての任務（行政目的）を明示し、職員の任務を意識した行動を促す規則
② 縦割り行政を排除し、行政需要に応じ、組織の柔軟かつ機動的な行動を促す規則
③ 組織をまたがる課題に対しては、複数の組織が連携した対応を促す規則

　同県の取り組みは、豊橋市の取り組みと相通じるものがあり、事務執行重視型組織から脱却し、政策推進重視型組織への転換を図る動きと位置づけることができよう。また、任務型規則を導入した目的の1つに職員の意識改革の推進も示されており今後の動向に注目したい。

　図表3-4に和歌山県行政組織規則の中から県民生活課と医務課の例を紹介する。その他、条例や規則により組織の役割・任務を明確にした事例としては、岐阜県（岐阜県部等設置条例）、岡山市（岡山市の組織及びその任務に関する条例）が挙げられる。

図表3-4　和歌山県行政組織規則（抜粋）（2008年）

　県民生活課
　県民生活課は、県民の消費生活における利益の擁護及び安全・安心のくらしの実現を図ることを任務とし、次の事務を所掌する。
（1）～（20）省略
（21）　その他任務の達成に必要なこと。

　医務課
　医務課は、安全・安心な医療体制の充実と提供を図ることを任務とし、次の事務を所掌する。
（1）～（22）省略
（23）　その他任務の達成に必要なこと。

Case 3　住民ニーズ指向型組織の創設＝佐賀県

佐賀県では、2003（平成15）年に古川知事が就任して以降、時代に合った新しい佐賀県庁づくりとして「県庁改進」に取り組んでいる。その一環として、2004（平成16）年4月に図表3-5に示すような組織改正を行った。

この組織改正の特徴の第1は、横割型組織の創設である。これまでの供給者の視点から生活者・消費者の視点で危機管理、こども政策、総合的マーケティング、くらしの安全・安心など、新たな行政課題に即応する体制を整備した。

第2は、各本部の権限と責任を明確にした本部制の導入である。具体的には、各本部に予算編成（枠配分）、定数配分（枠配分）、人員配置の権限が移譲され、各本部の経営面における自律性の向上が図られた。住民ニーズ指向型組織に移行させることにより、特定の課題やニーズについての住民からの問い合わせに一部局で対応することや、市町村と円滑に意思疎通や情報交換を実施することが可能となった。

第3は、県庁の総合戦略本部として統括本部を設置するとともに、それまでの総務部は経営支援本部に見直されたことである。総務部時代は他部を予算、人事等の面から「管理」する色彩が強かったが、経営支援本部は各本部の活動を総合的に「支援」する役割を担うことになり、機能の転換が図られたといえよう。

Case 4　目的指向型組織の編成＝静岡県

静岡県では1990年代後半から目的指向型行政運営システムの構築を進めており、全国に先駆けて業務棚卸の実施、「課」の廃止、「フラット組織」の導入等に取り組んでいる。2007（平成19）年の組織改正において、本庁組織のフラット化の次の段階として、総合計画に掲げるアウトカムの実現を目指す組織体制を整備するため、図表3-6に示すような県民や市町の視点に立った目的指向型組織を編成した。具体的には、これまでの国の省庁に対応した縦割り組織を見直し、道路交通や生活排水対策など、複数の部にまたがる課題をひとつの部への集約を図ったものである。

第3章　政策志向化　31

図表 3-5　2004 年度の佐賀県の組織改正

(2003年度まで)　　　(2004 年度から)

2003年度まで	2004年度から
総務部	統括本部（自主自立の時代に対応した県庁の総合戦略本部）
企画部	くらし環境本部（「くらし」「安全・安心」「環境」など組織横断的な課題に対応）
厚生部	健康福祉本部（「福祉」「保健」「医療」「健康」分野を一体的に推進）
経済部	農林水産商工本部（技術・知識・ノウハウ・市場の融合化による一体的推進、地域経済の活性化）
農政部	県土づくり本部（生活者の視点から社会資本の整備を一元化）
土木部	経営支援本部（各本部の活動を総合的に支援）

(出所)　佐賀県資料をもとに筆者が作成。

図表 3-6　2007 年度の静岡県の組織改正

(2006年度まで)　　　(2007 年度から)

2006年度まで	2007年度から
総務部	
企画部	総務部（全庁のとりまとめ、他部の行政活動の支援）
生活・文化部	企画部（県政の総合的企画及び調整、広報）
環境森林部	県民部（「くらし」「文化」「環境」などに恵まれた豊かな県民生活の環境整備）
商工労働部	厚生部（福祉・保健・医療の一体的支援）
農業水産部	産業部（一次産業から三次産業まで通じた「産業活力日本一」づくり）
土木部	建設部（「生活」と「産業」を支える社会基盤の整備）
都市住宅部	空港部（富士山静岡空港の整備促進）
空港部	

(出所)　静岡県資料をもとに筆者が作成。

Case 5　自治体経営監を中心とした施策推進＝青森市

　青森市では成果指向型の総合計画を推進するため、自治体経営システムによる施策調整、予算編成、人員配分に取り組んでいる。このなかで、重要な役割を果たすのが2005（平成17）年に設置された5人の「施策推進監」（五監）とこれを統括する「自治体経営監」である。青森市の総合計画の基本政策は、魅力ある都市空間に人々が行き交うまち（都市・交通基盤分野）、四季折々に水と緑と共生する安全で住みよいまち（自然・生活環境分野）、恵み育む大地に活力ある産業が躍動するまち（産業・雇用分野）、心ふれあい笑顔と元気がみなぎるまち（地域・社会福祉分野）、未来をひらく豊かな人を育むまち（教育・文化分野）の5項目で構成されている。

　この5分野に図表3-7に示すように部長の中から1名ずつ施策推進監を指名している。自治体経営監を座長とし、自治体経営局長、総務部長、企画財政部長ならびに五監で構成する施策推進監会議で、施策の重点化や横断的調整を行っている。

図表3-7　青森市施策推進監の構成（2008年）

施策推進監の名称	指名された部長
都市・交通施策推進監	都市整備部長
自然・生活環境施策推進監	環境部長
産業・雇用施策推進監	経済部長
地域・社会福祉施策推進監	健康福祉部長
教育・文化施策推進監	教育部長

（出所）　青森市資料をもとに筆者が作成。

第2節　政策法務組織

　地方分権改革の最大の成果は機関委任事務制度の廃止であることは論をまたない。機関委任事務制度は、公選の知事や市町村長を国の下部機関と位置づけ、国の事務を処理させる仕組みであった。この制度のもとでは、

国の包括的、一般的な指揮監督権が認められ、国の主務大臣は地方自治体の長に対し、事務の管理・執行全般にわたって「通達」をもって指示を行なうことができ、地方自治体を拘束することができた。いわゆる「通達行政」である。

この時代、地方自治体は法律や政省令の条文を自由に解釈することができず、たとえ地域住民の利益に反する結果になろうとも、国の解釈に唯々諾々と従わざるを得なかった。一方、地方分権改革後、機関委任事務制度の廃止に伴い、自己決定・自己責任の原則のもと、自治体の法令解釈権は大幅に拡大され、自治事務、法定受託事務ともに、条例制定権が法令に反しない限りという条件はついているものの認められることとなった。そこで、注目されるようになったのが、「政策法務」という考えである。政策法務については、研究者によりいくつかの定義があるが、条例の制定すなわち立法や法律解釈運用などを自治体の政策実現の手段として活用しようというものである。今後、地方分権が進展するに従い政策法務は重要になると考えられ、すでにいくつかの先進的自治体では、課レベルの専任組織が設置されている。

1　政策法務と政策形成

(1) 政策法務の定義

政策法務の定義は論者によって微妙に異なるが、ここでは何人かの研究者の定義を図表3-8により概観する。

さてここで、当事者である自治体はどのように考えているのであろうか。政策法務の先進的自治体の1つである、静岡市は2008（平成20）年に政策法務を総合的、計画的に推進するため、「静岡市政策法務推進計画」を策定した。このなかで、政策法務を「政策主体としての本市が『地方自治の本旨（住民自治・団体自治）』の実現を目指して政策の実現と公共的課題の解決に当たり、立法、解釈、争訟等の場面を通して『法』を能動的かつ積極的に活用していく概念である」と定義づけしている。

図表3-8　研究者による政策法務の定義

研究者名	政策法務の定義
礒崎初仁	法を政策実現の手段としてとらえ、そのためにどのような立法・法執行・争訟評価が求められるかを実行する、実務及び理論における取り組み
山口道昭	法を政策実現の手段としてとらえ、そのためにどのような立法・法執行・評価が求められるかを検討しようとする、自治体において主として自治体職員が行う実務および理論における取り組みおよび運動
北村喜宣	地方自治の本旨の実現のために、住民の福祉増進の観点から必要と考えられる政策を、憲法をはじめとする関係法体系のもとで、自主的な法解釈を踏まえて、いかに適法・合理的に制度化条例化するか、適法・効果的に適用するかに関する思考と実践
木佐茂男・田中孝男	自治体が、住民福祉の向上とその人権・権利の実現を図るため、すでにある法の体系のもとに、より地域のニーズに即した自主的な法システムを積極的に設計・運用すること

（出所）　礒崎初仁「政策法務の現状と展望」礒崎初仁編『政策法務の新展開』ぎょうせい、2004年、2-5頁をもとに筆者が作表。

(2) 自治体法務と政策形成

　ここまで、政策法務の定義を紹介したが、このように近年、政策法務論議が活況を呈しているのは、自治体では、「政策」と「法務」が縁遠い存在であったことに他ならない。従来、政策づくりは、総合計画の策定と同一視されていた傾向があり、自治体の政策を実現するための条例（政策的条例）の制定は限られているという指摘もある[2]。国の省庁では、政策づくりと法案作成は同一の作業として進められる。たとえば、1960年代の通産省を舞台にした『官僚たちの夏』（城山三郎著）には次のような描写がある。「省内これ熱気の渦といってよく、その渦の中心となるのが、法令審査委員会である。（中略）ふつう、新政策づくりは、まず各課の若手が、自分で練り上げた提案を、それぞれの局の局内の会議に持ち出すところからはじまる。（中略）そのたたき台に耐えるだけの裏づけを持った提案だけが生き残り、局の提案として、法令審査委員会へ付託される[3]」。これは小説の叙述であり、やや誇張された部分もあるかも知れないが、政

策論議と法案作成は密接な関連を持っていることがうかがえる。予算の裏づけに加え、法律の根拠なくして政策は成就できないのである。

2 政策法務の萌芽

(1) 上乗せ・横出し条例

　先に紹介した定義は、1990年代末以降にそれまでの政策法務の到達点を踏まえて論じられたものである。自治体における政策法務の考え方が芽生えたのは1960年代であったといわれる。1960年代は、高度経済成長に伴い工業化・都市化が進展し、四日市ぜんそくや水俣病に代表される深刻な公害問題が発生した時代であった。政府はこれらの問題に対処するため、大気汚染防止法や水質汚濁防止法を制定し、規制を図ったが、全国一律の規制では、十分な効果が期待できない地域もあった。

　このようなことから、東京都では1969（昭和44）年に公害防止条例を制定し、法律よりも厳しい規制基準を「上乗せ」するとともに、規制対象を法律よりも拡大（「横出し」）した。これは、当時としては極めて画期的なものであったが、「法令と条例の抵触」の批判を受けたものの、東京都の取り組みは、同様の問題を抱える多くの自治体により支持され、「上乗せ・横出し条例」が次々と制定されていった。1970（昭和45）年には、政府は規制基準の強化や規制対象の拡大等先進的な自治体の条例に沿った方向で大気汚染防止法や水質汚濁防止法を改正し、先進的自治体の取り組みを追認した。当時の東京都の取り組みを先に示した各研究者の定義にあてはめて考えれば、公害防止という政策を条例制定という立法を通じて実現しようとする取り組みであり、まさに政策法務であると考えられる。

(2) 開発指導要綱

　1960年代の高度経済成長に伴う急速な都市開発は、大都市やその周辺部で生活環境の悪化を招くとともに、同時に大規模団地の造成により基礎自治体である市町村は、道路の建設、小中学校の増設、上下水道等都市基盤を整備する必要が生じ、財政支出が求められた。これらの問題に対応

するため、都市部の自治体では1965（昭和40）年の川崎市や1967（昭和42）年の川西市（兵庫県）を嚆矢として開発指導要綱を制定し、開発業者に一定のルールを求めた。開発指導要綱はいわば行政指導のガイドラインであるが、法令や条例ではなく、要綱という法的強制力のない手段が採られた理由としては、都市計画法や建築基準法による土地利用規制は法令の定めが厳格であり、上乗せや横出しによる規制は慎重にならざるを得なかったものと考えられる。

3　自治体の法務組織

(1) 法務部門から政策法務組織へ

　自治体の法務担当は、「小さな部署で、注釈書や通達を眺めて、人の施策の足を引っ張る仕事と理解され、静態的・防御的な、つまらない仕事というのが通念のよう[4]」であるという指摘や「企画は勿論のこと、予算、人事は、自治体の優先順位づけや採否の政策判断を伴う前向きの仕事であったが、文書＝法制はどちらかというと後ろ向きの仕事のままであった[5]」という言説がある。これらの指摘や言説に頷く自治体職員も多いことと思う。従来、自治体の法務部門は、その出発点において、総務課または文書課の一係（法制係、法規係あるいは法務係）であり、条例案や規則案について「て」「に」「を」「は」を修正する事務が中心で、いわば文書事務の延長線上にある業務を担当している部門という印象が強かったのではないだろうか。

　住民や関係者との間に法的トラブルが生じ、慌てて法務担当に相談に行った経験のある職員も少なくないであろう。自治体の法務部門は、事業実施担当にとって「駆け込み寺」的で頼りになる存在でもある。このように多くの自治体の法務組織は、「政策」とは縁遠い存在であったが、すでに述べたように、法務部門の重要性は増大しており、政策法務組織へと進化する動きが徐々に顕われつつある。

(2) 全国の状況

　全国の都道府県、指定都市、中核市および特例市の法務組織の状況を整理したものが図表3-9である。課レベルで政策法務組織を設置している自治体は、都道府県が47都道府県中3（千葉県、京都府、鳥取県（政策法務室））、指定都市が2（静岡市、浜松市）、中核市が1（岡山市）、特例市が2と全体で1割に達せず、極めて少数であり、政策法務の取り組みは緒についたばかりであるといえる。その他、東村山市（東京都）、三鷹市（東京都）、茨木市（大阪府）、国分寺市（東京都）、我孫子市（千葉県）などでも、政策法務課（室）が設置されている。政策法務課（室）の所管部局は、府県、指定都市、中核市ではいずれも総務部であるが、国分寺市や東村山市では政策部であることに注目したい。

　三条市（新潟県）では、政策推進課内に法務係を置き、政策立法の指導、助言を担当している。同様に、津市（三重県）でも、政策課内に法務担当を置いている。これらの取り組みは、政策部門と法務部門の連携により、政策法務を実現しようとしているものと考えられる。部レベルの法務組織として、堺市（大阪府）が法制部を設置している。また、課レベルあるい

図表3-9　自治体の法務組織の状況（2008年）

区分	政策法務課を置く自治体 自治体数	割合(%)	法務組織として部を設置している自治体 自治体数	割合(%)	法務組織として課（あるいは室）を設置している自治体 自治体数	割合(%)	法務組織として課内室を設置している自治体 自治体数	割合(%)	課名の一部に「法務」を採用 自治体数	割合(%)	合計 自治体数	割合(%)
都道府県	3	6.4	0	0.0	2	4.3	3	6.4	12	25.5	20	42.6
指定都市	2	11.8	1	5.9	5	29.4	2	11.8	2	11.8	12	70.6
中核市	1	2.6	0	0.0	0	0.0	1	2.6	7	17.9	9	23.1
特例市	2	4.7	0	0.0	5	11.6	1	2.3	5	11.6	13	30.2
計	8	5.5	1	0.7	12	8.2	7	4.8	26	17.8	54	37.0

（出所）　各自治体の行政機構図をもとに筆者が作成。

は課内室レベルの法務組織を設置している自治体は、都道府県 5、指定都市 7、中核市 1、特例市 6 となっている。「法務文書課」のように課名に「法務」「法規」等を標榜している自治体は、都道府県で 12（25.5%）、指定都市で 2（11.8%）、中核市で 7（17.9%）、特例市で 5（11.6%）となっている。その組織名に「法務」「法制」等を有する課（室）を設置する自治体は、道府県で 20（42.6%）、指定都市で 12（70.6%）、中核市で 9（23.1%）、特例市で 13（30.2%）合計で 54（37.0%）となっている。

Case 1　他自治体に先駆けて政策法務組織を設置＝千葉県

　千葉県における政策法務の取り組みは全国でも 1、2 を争うほど歴史が古く、政策法務課が設置されたのは、2003（平成 15）年である。それまでの総務部文書課を改組したもので、文書室、政策法務室、公益法人室および情報公開・個人情報センターの 3 室 1 センターで構成されている。政策法務を担っているのは、政策法務室であり、同室は政策法務に関すること以外に法規審査や訴訟事務の総括を担当している。

表 3-10　千葉県総務部政策法務課の組織構成（2008 年）

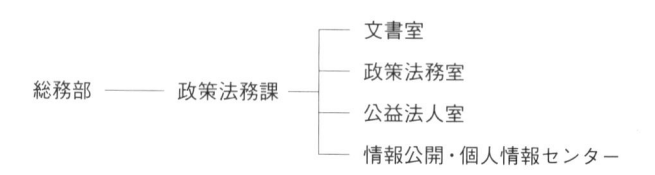

```
総務部 ── 政策法務課 ┬─ 文書室
                    ├─ 政策法務室
                    ├─ 公益法人室
                    └─ 情報公開・個人情報センター
```

Case 2　政策法務推進計画を策定＝静岡市

　静岡市は、2003（平成 15）年に清水市と合併し、その後 2005（平成 17）年 4 月に指定都市に移行したが、その際に大規模な組織改正を行い、総務局総務部内に政策法務課を新設した。政策法務課は、当初は第一政策法務担当と第二政策法務担当であったが、現在は法規担当および訟務担当の 2 担当で構成されている。すでに述べたように同市では政策法務推進計

画を策定し、これに基づき政策法務を総合的・計画的に推進している。同市のように政策法務に関する計画を策定し、実行している自治体は全国でも珍しく、同市の取り組みと成果が期待される。

図表 3-11　静岡市総務部政策法務課の組織構成（2008 年）

```
総務局 ─── 総務部 ─── 政策法務課 ┬── 法規担当
                              └── 訟務担当
```

Case 3　政策部に政策法務課を設置 ＝ 国分寺市

　国分寺市では 2008（平成 20）年の組織改正により政策経営課の政策法務担当を独立させ、政策法務課を新設した。多くの自治体では法務担当部門は総務部が所管しているのに対し同市では政策部に属している。このことは、「政策」と「法務」の融合であるということができ、意欲的な取り組みであると評価できる。同市の政策法務課は、これまでの法制業務のほか、「自治体の憲法」ともいえる自治基本条例の準備作業に取り組み、同条例は同年 12 月に制定された。

図表 3-12　国分寺市政策部の組織構成（2008 年）

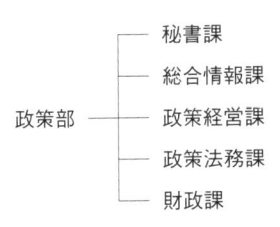

```
          ┌── 秘書課
          ├── 総合情報課
政策部 ───┼── 政策経営課
          ├── 政策法務課
          └── 財政課
```

第3節　少子化対策組織

　国が省庁ごとに縦割りで施策を進めていくなか、地域の総合行政主体である地方自治体は、直面する政策課題に真正面から取り組んでいく必要がある。機関委任事務時代であれば、国の各省庁と似通った組織で対応することがよく見られたが、21世紀の地方分権時代には自治体固有の政策を着実に進める組織を独自に編成することが求められる。

　現在、国、地方を問わず大きな政策課題となっているのが、少子化対策である。政府は、少子化対策を進めるため、内閣府に担当大臣を置いているが、厚生労働省や文部科学省など縦割り行政のなかで埋没しがちであることは否めない。一方、地方自治体においては、少子化対策を最も重要な政策課題として受け止め、いち早く一元化を図り、専任組織を設置したところも少なくない。

1　少子化の現状と対策

(1)　わが国における少子化の現状

　日本の年間出生数は第2次ベビーブーム期［1971（昭和46）-1974（昭和49）年］をピークに年々減少していたが、2005（平成17）年の106万3千人から2006（平成18）年の109万3千人へと若干ではあるものの増加に転じた。

　「合計特殊出生率」という概念が、少子化の指標としてよく使われる。これは、その年次の15-49歳までの女性の年齢別出生率を合計したものである。合計特殊出生率を見ると、第1次ベビーブーム期［1947（昭和22）-1949（昭和24）年］は4.3を超えていたが、その後1966（昭和41）年を例外として2.0程度で安定的に推移していたものの、1975（昭和50）年に2.0を割り込んで以降は減少の一途をたどった。2005（平成17）年には過去最低の1.26まで落ち込んだが、2006（平成18）年には1.32と上昇に転じている。60年前の第1次ベビーブーム期と現在を比べると、年間出生数は約270万から約110万と6割も減少し、合計特殊出生率は3.0ポ

イントも低下している。

　このような状況から日本の未来を予測するとどうなるのであろうか。厚生労働省の国立社会保障・人口問題研究所は2005（平成17）年に実施された国勢調査の結果に基づき、日本の将来人口を推計し、2006（平成18）年12月に発表した。その概要は図表3-13のとおりであるが、長期の合計特殊出生率を1.26とした場合の中位仮定では、日本の総人口は、2030（平成42）年には1億1,522万人、2050（平成62）年には9,515万人になると推定されている。2005（平成17）年と比較すると2030（平成42）年には1,255万人（9.8％）、2050（平成62）年には3,262万人（25.5％）と急激に減少することになる。日本の人口は1978（昭和53）年には1億

図表3-13　日本の将来推計人口

出生率仮定 〔長期の合計特殊出生率〕		中位仮定 〔1.26〕	高位仮定 〔1.55〕	低位仮定 〔1.06〕
総人口	2005年	12,777万人	12,777万人	12,777万人
	2030年	11,522万人	11,835万人	11,258万人
	2050年	9,515万人	10,195万人	8,997万人
年少（0-14歳）人口	2005年	1,759万人 13.8％	1,759万人 13.8％	1,759万人 13.8％
	2030年	1,115万人 9.7％	1,348万人 11.4％	942万人 8.4％
	2050年	821万人 8.6％	1,109万人 10.9％	622万人 6.9％
生産年齢（15-64歳）人口	2005年	8,442万人 66.1％	8,442万人 66.1％	8,442万人 66.1％
	2030年	6,740万人 58.5％	6,820万人 57.6％	6,649万人 59.1％
	2050年	4,930万人 51.8％	5,321万人 52.2％	4,610万人 51.8％
老年（65歳以上）人口	2005年	2,576万人 20.2％	2,576万人 20.2％	2,576万人 20.2％
	2030年	3,667万人 31.8％	3,667万人 31.0％	3,667万人 32.6％
	2050年	3,764万人 39.6％	3,764万人 36.9％	3,764万人 41.8％

（出所）　国立社会保障・人口問題研究所『日本の将来推計人口』2006年。

1,517万人、1962（昭和37）年には9,518万人であったから、2030年、2050年の日本はそれぞれ、1978（昭和53）年、1962（昭和37）年の水準に相当する。それ以前はさらに人口は少なかったことから、日本社会の人口規模の縮小自体はこれまで経験したことのない領域ではない。

　日本、あるいは世界中のどの国も経験したことのない事態は、年齢構造の劇的な変化である。0歳から14歳までの年少人口の全人口に占める割合が2030（平成42）年には9.7%、2050（平成62）年には8.6%と1割を切り、同じく65歳以上の老年人口が2030（平成42）年には31.8%、2050（平成62）年には39.6%と4割近くとなることである。そして、あらゆるところで社会を支えなければならない15歳から64歳までの生産年齢人口は2030（平成42）年には58.5%、2050（平成62）年には51.8%と半分近くに減少してしまうのである。このことが少子化社会を考える場合の重要なキーポイントになると考えられる。

(2) 少子化の影響

　少子化がわが国の経済社会に与える影響については、政府をはじめ各方面で論議されてきた。まず、労働力人口の減少である。将来の日本では、(1)で述べたように高齢者の増加と生産年齢人口の減少という人口構造の変化により、若年労働力の減少や高齢者の引退の増加を招き、経済成長にマイナスの影響を及ぼす可能性があることが指摘されている。加えて、高齢者人口が増加することにより、年金、医療、介護費など社会保障費の財政への影響が懸念されている。すなわち、サービスを享受する人口は年々増加するのに対し、サービスの原資を負担する世代は減少していくという指摘である。

　つぎに、地方の衰退である。国立社会保障・人口問題研究所の将来推計人口では、2010（平成22）年から2015（平成27）年にかけては、42道府県、2020（平成32）年から2025（平成37）年にかけては沖縄県を除く46都道府県、2025（平成37）年以降は47都道府県全部で人口が減少すると推計されている。この傾向は、地方、特に過疎地で顕著になると考えられ、その結果、防犯や防災等の自主的な地域活動など地域の集落の維持機能が

低下することも懸念されている。その他、貯蓄率低下や国際競争力低下といった問題を提起する識者もいる。

(3) 国における少子化対策の取り組み

　国における少子化対策の最初の計画は、1994（平成6）年に策定された「今後の子育て支援のための施策の基本的方向について」である。この計画は、「エンゼルプラン」と呼ばれ、今後10年間に取り組むべき基本的方向と重点施策を主な内容とし、文部省、厚生省、労働省および建設省の4省が合意したものである。

　併せて、保育所の量的拡大や低年齢児保育等を内容とする「緊急保育対策等5か年事業」が策定され、1995（平成7）年からスタートした。その後も少子化に歯止めはかからず、1999（平成11）年12月に「少子化対策推進基本方針」が少子化対策推進関係閣僚会議で決定され、同時に先の4省に大蔵省、自治省を加えた6省の合意による「重点的に推進すべき少子化対策の具体的実施計画について」が策定された。この計画は「新エンゼルプラン」と呼ばれ、従来のエンゼルプランと緊急保育対策等5か年事業を見直したものであった。

　続いて2003（平成15）年7月には「少子化社会対策基本法」が議員立法により制定され、これを受け「少子化社会対策大綱」が2004（平成16）年6月に閣議決定された。同年12月には「少子化社会対策大綱に基づく具体的実施計画」＝「子ども・子育て応援プラン」がまとめられた。このプランは、4つの重点課題に沿って国が2005（平成17）年度から2009（平成21）年度までの5年間に実施すべき施策と目標を盛り込んだ総合的な計画である。このように国はさまざまな対策を講じてきたものの、少子化の流れを止めることはできず、合計特殊出生率は2005（平成17）年には過去最低の1.26に落ち込んでしまった。さらに、日本の総人口が明治以降はじめて減少に転ずるとともに、出生数も106万人と過去最低を記録した。

　このような状況のなか、従前以上に少子化対策が国の重点課題として積極的な対応が求められるようになり、2006（平成18）年6月に「新しい

少子化対策」が、全閣僚で構成される少子化社会対策会議において決定され、それまでの取り組みを拡充、強化、転換することとなった。この「対策」では少子化の進行と人口の減少は国や社会の存立基盤に関わる問題として認識され、出生率の低下傾向を反転させることを宣言した。2007（平成19）年12月には「子どもと家族を応援する日本」重点戦略がとりまとめられた。この重点戦略は、結婚や出産・子育てに関する国民の希望と現実のかい離に着目し、国民の希望を実現するにあたって、何が必要かという視点で検討が進められた。また、人口減少を所与のものとして受け止め、そのなかで経済社会を今後とも持続的に発展していくためにはどうすればよいかという視点も注目される。

（4）少子化対策における地方自治体の役割

これまでの少子化対策は、保育所は厚生労働省が、幼稚園は文部科学省が所管するといった典型的な縦割行政であった。こうした指摘を受けて、総合的な推進が求められている。地方自治体は、いうまでもなく地域の総合的な行政主体であり、住民に最も身近な存在である。少子化に関する施策は、子育て支援をはじめ地方自治体でしか実施することができないようなものも多い。

このため、2003（平成15）年に制定された少子化社会対策基本法では、その第4条で「地方公共団体は、基本理念にのっとり、少子化に対処するための施策に関し、国と協力しつつ、当該地域の状況に応じた施策を策定し、及び実施する責務を有する」と定めている。同法第10条以下で基本的施策として次の8項目を掲げ、地方自治体は国と同様の取り組みを行なうものとされている。

① 雇用環境の整備
② 保育サービス等の充実
③ 地域社会における子育て支援体制の整備
④ 母子保健医療体制の充実等
⑤ ゆとりのある教育の推進等
⑥ 生活環境の整備

⑦　経済的負担の軽減
⑧　教育及び啓発

　2007（平成19）年に決定された「仕事と生活の調和（ワーク・ライフ・バランス）憲章」では、地方自治体の役割として「仕事と生活の調和の現状や必要性は地域によって異なることから、その推進に際しては、地方公共団体が自らの創意工夫のもとに、地域の実情に応じた展開を図る」こととしている。

　このように、少子化対策において、地方自治体の果たす役割は重要なものとして位置づけられている。内閣府のホームページで、少子化社会対策やワーク・ライフ・バランスの都道府県や指定都市の担当窓口が示されていることも、少子化対策について国が自治体にいかに期待しているかの表れであろう。

　地方自治体においては、従前から地域住民の切実な声に肌で接し、国が少子化対策に取り組むよりも先に、独自の施策を展開していたところも、けっして少なくない。たとえば、石川県では、2005（平成17）年から「プレミアム・パスポート事業」に取り組んでいる。これは、多子家族を地域社会全体で支えることを目的として、子どもの数が多い家庭に対して、石川県内の協賛企業等が割引や特典等のサービスを提供するもので、協賛企業は目標の2,000店舗を前倒しで達成したという。また、札幌市は、指定都市のなかで合計特殊出生率が低いレベルにあるが、「市、区、地域の3層構造」を掲げ、地域主導の子育て支援体制の構築を進めている。市レベルでは子育て支援総合センター、区レベルでは保育・子育て支援センター、地域レベルでは地域子育て支援センターを設置するとともに、子育てコーディネーター等の人材育成にも力を入れている。自治体の少子化対策は、各自治体が競い合うような形で進んでおり、生活者にとって「子育てのしやすい自治体」が居住地選択の決め手となる時代も遠くないと考えられる。

2　地方自治体における少子化対策組織

(1) 都道府県における少子化対策組織

　内閣府の少子化白書掲載の各都道府県と指定都市の少子化対策の所管部局の一覧および2008（平成20）年の各自治体の行政機構図をもとに都道府県の少子化対策組織を把握した。この特徴を整理したものが、図表3-14である。

　まず、少子化対策の所管部局である。47都道府県のなかで福祉部局が36（76.6％）と大半を占めている。これは、従来の対策が厚生省児童家庭局—都道府県福祉部局の流れのなかで推進されてきたことによると思われる。つぎに、企画部局が担当している都道府県は、5（10.6％）となっている。少子化対策は、当該県の政策のなかで特に重要であるとの知事の認識のもと企画部局が担当していると考えられる。

　同時に、総合的で各部局横断的な取り組みが求められ、調整機能の発揮が期待されている。生活部局が少子化対策を所管している都道府県は、山形県（文化環境部）、群馬県（生活文化部）、大阪府（生活文化部）、兵庫県（健康生活部）、佐賀県（くらし環境本部）の5で企画部局と同数である。少子化対策は、従来の児童福祉の施策に留まらず、幅広い分野での施策展開が必要とされるところから、生活部局が所管しているものと考えられる。長崎県では「こども政策局」というどこの部にも属さない専任の「局」を設置している。

　つぎに、少子化担当組織の位置づけである。47都道府県中、32が「少子化対策課」「子育て支援課」等、課レベルの組織を設置している。部内局レベルの組織の設置は、「子ども未来推進局」（北海道）、「少子化対策局」（埼玉県）など13を数える。先に述べた、長崎県の「こども政策局」は知事の直近下位組織であり、部と同等である。少子化に関する施策は、関係課が競い合うように実施するようになり、施策の一元化が求められるようになる。こうなると1つの課では対応できなくなり、複数の関係課を併せた部内局レベルの組織が必要とされるものと考えられる。

　少子化対策組織は、他の部門とは少々異なり、「子（こ）ども」「未来」

等、多様な名称が付されていることが、特徴の1つである。最も多く使用されているのは、「子（こ）ども」で計20組織であり、「子ども未来課」（京都府）、「こども政策課」（栃木県）、「こども課」（高知県、鹿児島県）等、バラエティに富んでいる。

同じように多いのが「家庭」であり、12組織で使用されている。「家庭」を付した組織は、「児童家庭課」「こども家庭課」「青少年家庭課」の3つのパターンに大別される。「子育て」も10組織で採用されており、ほとんど「子育て支援課」である。また、「少子（化）」を使用しているのは、7組織であり、「少子化対策・青少年課」「少子政策課」「少子社会対策部」「少子局」など極めて多様である。「未来」を使用しているのは6組織であり、「少子」よりも明るいイメージを与えることで採用されたのではないかと思われる。このような多様性は、少子化対策が比較的新しい行政分野であること、また地方分権の進展と同時期に各種の施策が次々に打ち出され、都道府県が自由な発想で組織編成を行ったことによるものと考えられる。

図表3-14　都道府県における少子化対策組織（2008年）

所管部局 区分	実数	割合(%)
企画部門	5	10.6
生活部門	5	10.6
福祉部門	36	76.6
こども部門	1	2.1

位置づけ 区分	実数	割合(%)
知事の直近下位	1	2.1
部内局レベル	13	27.7
課レベル	32	68.1
その他	1	2.1

名称 区分	実数	割合(%)
少子（化）	7	11.3
子（こ）ども	20	32.3
子育て	10	16.1
未来	6	9.7
児童	5	8.1
家庭	12	19.4
青少年	1	1.6
その他	1	1.6

（出所）　各自治体の行政機構図をもとに筆者が作成。
（注）　「名称」については、たとえば、こども未来課であれば、「子ども」で1、「未来」で1計上しており、合計数は都道府県数（47）と一致しない。図表3-16および図表3-18においても同様である。

Case 1　知事の直近下位組織として「こども政策局」を設置＝長崎県

長崎県では、2006（平成18）年の組織改正でこども政策局を新設した。少子化対策の専任部門を知事の直近下位組織として置いたのは、全国の都道府県のなかで長崎県がはじめてであろう。同局は、図表3-15に示すと

おりこども未来課とこども家庭課の2課で構成され、こども未来課には24人、こども家庭課には15人の職員が配置されている。

図表3-15　長崎県こども政策局の組織構成（2008年）

```
こども政策局 ─┬─ こども未来課
              └─ こども家庭課
```

(2) 指定都市

都道府県と同様、内閣府の少子化白書掲載の所管部局の一覧および2008（平成20）年の行政機構図をもとに少子化対策組織を把握した。指定都市の少子化対策組織は、都道府県とはその特徴が大きく異なる。

まず、少子化対策の所管部局は、「こども局」のように少子化対策の専任部局を設置しているところが17市中10、福祉部局が担当しているところは5となっている。その他、川崎市（市民・こども局）、静岡市（保健福祉子ども局）では、福祉部局と専任部局の中間的な部門が担当している。このように、指定都市では、市長の直近下位組織として専任部局を立ち上げ、積極的に少子化対策を推進していることがうかがえる。

つぎに、少子化担当組織の位置づけである。17市中10市で市長の直近下位組織として専任部局を設置している。6市では、「子ども未来部」（さいたま市）、「子育て支援部」（京都市）など局内部レベルの組織を設置している。課レベルの市は1市にしか過ぎない。

少子化対策組織の名称に最も多く使用されているのは、「子（こ）ども」で計15組織であり、「子ども未来局」（札幌市）、「こども家庭局」（北九州市）、「こども青少年局」（大阪市）など都道府県と同じく多様である。続いて、「未来」が6組織、「青少年」が5組織で使用されている。

指定都市は、総じて合計特殊出生率が全国平均に比べ低く、また子育て支援に関するニーズも高いことから、施策の積極的展開とあわせ、組織の充実も図られてきたものと考えられる。

図表 3-16　指定都市における少子化対策組織（2008 年）

区　分	所管部局 実数	割合(%)
福祉部門	5	29.4
こども部門	10	58.8
その他	2	11.8

区　分	位置づけ 実数	割合(%)
市長の直近下位	10	58.8
局内部レベル	6	35.5
課レベル	1	5.9

区　分	名称 実数	割合(%)
子（こ）ども	15	48.4
子育て	2	6.5
未来	6	19.4
家庭	3	9.7
青少年	5	16.1

（出所）　各自治体の行政機構図をもとに筆者が作成。

Case 2　全国有数の規模を誇る少子化対策組織を設置 = 福岡市

　福岡市は 2005（平成 17）年に保健福祉局こども部と同局子育て支援部を改編し、こども未来局を新設した。同局は図表 3-17 に示すとおり 3 部 11 課で構成され、少子化対策の専任組織としては全国の自治体でも有数の規模であるといえる。同市の少子化対策組織は、少子化施策の充実と同時並行的に拡充の方向で変遷してきた。まず、2000（平成 12）年に市民局市民生活部青少年対策課が改組され、同局に子ども部が設置された。児童福祉行政については、従前から保健福祉局の児童家庭部が担当していた。その後 2002（平成 14）年に子ども部と児童家庭部の再編により保健

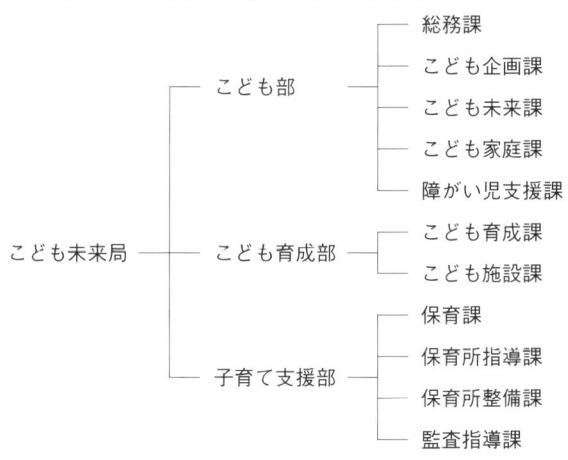

図表 3-17 福岡市こども未来局の組織構成（2008 年）

```
こども未来局 ─┬─ こども部 ─┬─ 総務課
              │            ├─ こども企画課
              │            ├─ こども未来課
              │            ├─ こども家庭課
              │            └─ 障がい児支援課
              ├─ こども育成部 ─┬─ こども育成課
              │                └─ こども施設課
              └─ 子育て支援部 ─┬─ 保育課
                                ├─ 保育所指導課
                                ├─ 保育所整備課
                                └─ 監査指導課
```

福祉局にこども部および子育て支援部が設置され、2005（平成17）年にこども未来局が誕生した。

(3) 中核市と特例市

　中核市および特例市については、内閣府の少子化白書には所管部局が掲載されておらず、2008（平成20）年の行政機構図により少子化対策組織を把握した。

　まず、少子化対策の所管部局であるが、中核市39市および特例市43市合計82市中、福祉部局が60市（73.2%）に及ぶ。専任部局を設けているところは、14市である。その他は8市であるが、その内訳は「市民子ども部」といった中間的な組織が多い。長岡市（新潟県）のように、教育委員会が所管しているところもある。

　つぎに、少子化担当組織の位置づけである。82市中、61市（74.4%）では課レベルの位置づけであるが、14市で市長の直近下位組織として専任部局を設置している。7市では、「福祉部子ども支援局」［加古川市（兵庫県）］、「健康福祉局子育て支援部」（鹿児島市）など部内局（鹿児島市にあっては局内部）レベルの組織を設置している。

　少子化対策組織に最も多く使用されているのは、「子（こ）ども」で計37組織（45.1%）であり、「子ども部」（宇都宮市など）、「子ども未来局」（熊本市）など都道府県や指定都市と同じく多様である。続いて、「子育て」が22組織、「児童」が18組織で使用されており、指定都市とは異なる傾向を示している。

　中核市や特例市は、自ら保育所を運営しているところが多く、子育て支援に関する市民のニーズも高いことから、施策の積極的展開とあわせ、組織の充実も図られてきたが、市長の直近下位組織として専任部局を置くところは指定都市に比べれば多くはない。

図表 3-18　中核市および特例市における少子化対策組織（2008 年）

区　分	所管部局			
	中核市	特例市	計	割合（％）
福祉部門	28	32	60	73.2
こども部門	10	4	14	17.1
その他	1	7	8	9.8

区　分	位置づけ			
	中核市	特例市	計	割合（％）
市長の直近下位	10	4	14	17.1
部内局レベル	3	4	7	8.5
課レベル	26	35	61	74.4

区　分	名称			
	中核市	特例市	計	割合（％）
子（こ）ども	18	19	37	38.1
子育て	10	12	22	22.7
未来	2	3	5	5.2
児童	9	9	18	18.6
家庭	8	7	15	15.5

（出所）　各自治体の行政機構図などをもとに筆者が作成。

【注】

(1)　法定局部制による都道府県の設置すべき局部について、たびたび見直しが行なわれたが、その主なものは次のとおりである。
・1947 年 12 月の改正では道府県の設置すべき部から警察部が除外された。
・1948 年 7 月の改正では都の設置すべき局から教育局、道府県の設置すべき部から教育部が除外された。
・1952 年に都道府県に設置すべき局部について、下記のとおり改正された。

区　分	設置すべき局部
都	総務局、財務局、主税局、民生局、衛生局、労働局、経済局、建設局、建築局、港湾局
道	総務部、民生部、衛生部、商工部、農林部、労働部、土木部、建築部、開拓部
人口 250 万以上の府県	総務部、民生部、衛生部、商工部、農林部、労働部、土木部、建築部
人口 100 万以上 250 万未満の府県	総務部、民生労働部、衛生部、商工部、農林部、土木部
人口 100 万未満の府県	総務部、厚生労働部、経済部、土木部

(2)　　（財）日本都市センター編『分権型社会における自治体法務』（（財）日本都市センター、2001年）のつぎの記述を参照されたい。なお、同書における下記部分の執筆担当は礒崎初仁氏である。

　　　「1990年6月の時点で『神奈川県法規集』に掲載されている条例は280本（中略）である。その内容を見ると、事務の実施に関する条例が78本、施設の設置・運営に関する条例が74本、給与・服務に関する条例が49本、組織の設置・運営に関する条例が40本となっている。施設の設置・運営、給与・服務等は、地方自治法により条例制定が義務づけけられたものであり、これを見ても県の政策を実現するための条例（政策的条例）は限られていることが伺える」

(3)　　城山三郎『官僚たちの夏』新潮社、1980年、10頁。
　　　上記以外に旧通産省の法令審査委員会については、城山英明・鈴木寛・細野助博編著『中央省庁の政策形成過程〜日本官僚制の解剖』（中央大学出版部、1999年）においても、「通産省の政策形成過程において最も特筆すべき特徴の1つは、法令審査委員会の存在である」（同書93頁）と論じられている。なお、現在の経済産業省では、法令審査委員会は設置されていない。

(4)　　阿部泰隆『政策法務からの提言——やわらか頭の法戦略』日本評論社、1993年、1頁。

(5)　　金井利之「自治体における政策法務とその管理」『ジュリスト』No. 1338、有斐閣、2007年、132頁。

第4章
トップ・マネジメントの強化

第1節　首長のトップ・マネジメントを補佐する組織

　トップ・マネジメントとは、アメリカのポール・E・ホールデンによれば、経営責任者の集団であり、また、事業の成否は、主としてこの少人数の最高層の洞察、見透し、手腕にかかっており、その基本的責任は、目標の計画化と明確化、組織の健全化、主要地位の人事の適正化、効果的な統制方法である[1]。

　地方自治体におけるトップ・マネジメントとは、執行部全体に対して基本方針を確定指示し、その執行を統轄するとともに、行政全般の結果について、対外的に最終責任を負うことであると説明されている[2]。近年、自治体経営の着実な推進を図る観点から、知事や市町村長のトップ・マネジメントの強化が叫ばれるようになっており、同時にトップ・マネジメントを補佐する組織を充実する動きが出ている。本節では、地方自治体におけるトップ・マネジメントの意義について考察するとともに、トップ・マネジメントの強化のために創設された副知事・副市町村長制度の運用状況、さらには首長のスタッフ部門の一翼を占める知事公室や市長公室の概況を考察する。

1　21世紀における首長のトップ・マネジメント

(1) 地方分権と首長のトップ・マネジメント

　地方分権改革により機関委任事務時代は終焉し、地方分権時代を迎え

た。地方分権は、地方自治体の自己決定、自己責任が基調であり、自らの創意と工夫で問題を解決し、戦略的に自治体を経営することが求められる。自治体経営の成否は、首長によるマネジメントの如何にかかっているといっても過言ではない。1990年代から全国のいくつかの自治体では、住民（生活者）の視点でこれまでの前例踏襲的な行政運営を見直すなど先進的な改革を進めてきたが、その原動力となったのは、いずれも知事や市町村長の強力なリーダーシップであった。

一方、わが国の地方自治制度は、戦後一貫して公選による首長と議会からなる二元代表制を採用してきたが、首長は、議案の議会への提案権、予算の調製・執行権、人事権などの幅広い権限を有しており、アメリカの大統領制と同一視されることもある。このため、最近では首長の多選の弊害を懸念し、多選を制限すべきとの指摘や、議会の権限を強化しようとする論議があることも忘れてはならないであろう。

(2) ローカルマニフェストと首長のトップ・マネジメント

ローカルマニフェストとは、政党の政権公約であるマニフェストの地方版・選挙候補者版であるが、その特徴は、従来の選挙公約が抽象的な内容であるのに対し、マニフェストは候補者の政策について、期限、財源、工程、数値目標を具体的に明示することにある。ローカルマニフェストは、2003（平成15）年4月の統一地方選挙ではじめて登場したが、当時は一部の候補者が掲げたに過ぎなかったが、2007（平成19）年の統一地方選挙では、ほとんどの候補者がローカルマニフェストを作成し、有権者に明らかにした。

ローカルマニフェストを掲げて当選した首長は、その実現を目指して自治体経営を行なうことが求められ、首長のリーダーシップが問われることになる。ローカルマニフェストの実現にあたっては、まず総合計画への落とし込みにより、政策化に取り組む必要があり、そのためには議会や住民と緊密な関係が求められる。しかしながら、マニフェストに掲げられた項目は多様で、また自治体の業務も複雑・高度化しており、これらを首長一人で執行していくことは、事実上困難であり、首長のトップ・マネジメン

トを補佐する組織が重要となる。

2　副知事・副市町村長制度

(1) 副知事・副市町村長制度の創設

　地方自治法では、首長の補助機関として、副知事、副市町村長、職員、専門委員等が定められている。なかでも、副知事、副市町村長については、首長と同様議会の承認が必要であり、いわゆる庁内のナンバー2として補助機関の筆頭に位置づけられていることから、特に役割は大きいと考えられる。

　副知事・副市町村長制度は2007（平成19）年4月からスタートしたが、それまでは都道府県にあっては副知事、市町村にあっては助役が置かれていた。定数は原則1人とされ、条例で置かないことも、増加することも可能であった。副知事制度は1947（昭和22）年の地方自治法制定に伴って創設されたが、助役制度は1888（明治21）年の市制・町村制により導入されたもので副知事制度よりも歴史が約60年ほど古い。2005（平成17）年12月に第28次地方制度調査会は、内閣総理大臣に「地方の自主性・自律性の拡大及び地方議会のあり方に関する答申」を提出した。

　このなかで、「地方公共団体の規模、その所管する行政分野や事務・事業は大幅に拡大しており、（略）従来型の組織からの転換が図られて」おり、「地方分権改革により地方公共団体の役割と責任が拡がっており、組織運営面における自主性・自律性の一層の拡大を図りながら、そのマネジメント機能の強化を図ることが必要である」との指摘がなされた。そして、「現行の副知事・助役、出納長・収入役の制度を廃止し、各地方公共団体が自らの判断で適切なトップ・マネジメント体制を構築できるよう、新たな制度に改めるべきである」と結論づけられた。新たな制度の方向性として、副知事・副市町村長を創設すること、人口、組織の規模等を勘案して定数を条例で任意に定めること、長の権限の委任を可能とすることが示された。この答申を踏まえ、2006（平成18）年に地方自治法が改正され、副知事・副市町村長制度が創設された。

(2) 副知事・副市町村長の設置状況

2007（平成19）年4月にスタートした副知事・副市町村長制度により、すべての自治体で定数条例が制定され、副知事・副市町村長が置かれることとなった。その状況は、図表4-1のとおりであるが、都道府県、指定都市、中核市、特例市の146の自治体で合計278人の副知事・副市長が置かれている。1自治体あたり1.9人、自治体の種別ごとに見ると都道府県で1.8人、指定都市で2.8人、中核市で1.9人、特例市で1.7人となっており、指定都市の突出が目立つ。副市長を最も多く置いているのは、宮崎市で5人であるが、これは市町合併に伴う経過措置であることに留意したい。

図表4-1 副知事・副市長の実数（2008年9月現在）

区分	0人 自治体数	0人 割合(%)	1人 自治体数	1人 割合(%)	2人 自治体数	2人 割合(%)	3人 自治体数	3人 割合(%)	4人 自治体数	4人 割合(%)	5人 自治体数	5人 割合(%)	総数	平均
都道府県	0	0.0	14	29.8	28	59.6	4	8.5	1	2.1	0	0.0	86	1.8
政令市	0	0.0	0	0.0	5	29.4	11	64.7	1	5.9	0	0.0	47	2.8
中核市	1	2.6	6	15.4	31	79.5	0	0.0	0	0.0	1	2.6	73	1.9
特例市	0	0.0	15	34.9	27	62.8	1	2.3	0	0.0	0	0.0	72	1.7
計	1	0.7	35	24.0	91	62.3	16	11.0	2	1.4	1	0.7	278	1.9

（出所）各自治体のホームページなどをもとに筆者が作成。

地方自治法改正の前後［2003（平成15）年と2008（平成20）年］における副知事の定数の変化については、図表4-2のとおりである。総数は2003（平成15）年の79人から2008（平成20）年の96人へと17人増加し、平均は1.7人から2.0人へと0.3人増えている。2003（平成15）年には定数1人の県が23（48.9％）と最も大きなシェアであったが、2008（平成20）年では定数2人の県が28（59.6％）と過半数を占めるに至った。15府県が副知事の定数を1人から2人へと、3府県が2人から3人に増加させている。図表4-1の数字は実数であり、図表4-2は条例で定められた定数であるが、総数で10人実数が少なく、10県で定数を充足していない。

岡山県のように2008(平成20)年になって副知事の実員を減らしたところもある。副知事1人設置することで本人および秘書の給与等の経費が年間4千万円以上要すると推定され、厳しい財政状況に対処するための措置であったものと考えられる。

図表4-2　副知事の定数の変化

区分	1人 自治体数	1人 割合(%)	2人 自治体数	2人 割合(%)	3人 自治体数	3人 割合(%)	4人 自治体数	4人 割合(%)	総数(人)	平均(人)
2003年	23	48.9	17	36.2	6	12.8	1	2.1	79	1.7
2008年	9	19.1	28	59.6	9	19.1	1	2.1	96	2.0
増減	-14	-29.8	11	23.4	3	6.4	0	0	17	0.3

(出所)　2003年については、総務省資料を筆者が加工。2008年については、各都道府県の副知事定数条例を基に筆者が作成。

(3) 副知事・副市町村長への事務の委任

　副知事・副市町村長制度の特徴の1つとして、首長の権限に属する事務の委任を受け、執行することが可能になったことが挙げられる。2006(平成18)年の地方自治法改正以前は、副知事・助役に対する首長からの委任は地方自治法第153条第1項に基づいて行なうことができると解釈されていたが、同項の規定は「吏員に委任し」とされ、副知事・助役は「吏員」に含まれていないことから、副知事・助役への委任は地方自治法上明確ではなかった。このため、副知事・副市町村長制度の創設に伴い、首長から権限の委任を受け、執行することは、本来的な役割であると位置づけたものである。

　これを受け、いくつかの自治体では、副知事や副市町村長に首長の事務の一部を委任している。たとえば、横浜市では、1件6億円以上の工事又は製造の請負契約、1件1億円以上の物品の調達等の契約、1件2億円以上の第1類委託契約(庁舎等の維持管理業務、物の運搬業務、クリーニン

グ業務、催物会場設営業務および検査業務に係る委託契約）を行政運営調整局担当の副市長に委任している。また、秦野市（神奈川県）では、許認可、利益の付与に係る承認又は承諾、公の施設の使用承認等を副市長に委任している。副知事・副市町村長への委任を行っている自治体は、全般的に少数であり、制度創設の趣旨が普及しているとはいい難く、今後の活用が期待されるところである。

(4) 副知事・副市町村長の担任事務

副知事・副市町村長を複数設置している自治体において、副知事・副市町村長の担任事務を規則や規程で定めている例が多い。たとえば、名古屋市では図表4-3のように事務を分担しているが、担当する局に加え特定の課題についても役割を定めるなどの工夫を行っている。各副市長はいずれも市役所出身であるが、A副市長は市長室長を、B副市長は上下水道局長を、C副市長は財政局長を経験しており、各人が精通した分野に配慮した割振りとなっているといえる。

図表4-3　名古屋市副市長の担任事務（2008年）

区　分	担　任　事　務	共　管　事　務
A副市長	市長室、総務局、市民経済局、消防局、開府400年記念事業、区役所	市会提出案、予算の編成、職員の人事、行政組織その他重要な事務
B副市長	環境局、住宅都市局、緑政土木局、上下水道局、交通局、環境首都なごやの実現、アセットマネジメント	
C副市長	会計室、財政局、健康福祉局、子ども青少年局、病院局、教育委員会事務局、少子高齢化対策、病院経営改革	

（出所）　名古屋市副市長担任事務規程をもとに筆者が作成。

3　知事公室・市長公室

首長がトップ・マネジメントを十分に発揮し、自治体が抱えるさまざま

な課題に対応するうえで、首長の総合的な見地からの的確な判断は不可欠のものである。このため、首長に必要な情報を提供し、戦略策定を担うスタッフ部門の強化が求められる。スタッフ部門とは、政策を企画立案し、庁内の関係部局と必要な調整を行なう企画調整部門、財政・人事系の総務部門、危機管理部門に代表される首長直属部門、秘書業務を中心とする知事公室・市長公室が挙げられる。

　このなかでも、知事公室・市長公室は、従来から首長直属の組織として通常の部局とは別格として位置づけられることが多い。特に、知事公室は、戦前の地方官官制の知事官房の流れを汲んでいると考えられ、戦前の知事官房は秘書業務や文書業務等を担った。知事公室・市長公室の全国の状況を整理したものが、図表4-4である。首長公室を設置している自治体は、都道府県では15道府県（31.9％）、指定都市で17市中7市（41.2％）、中核市で39市中13市（33.3％）、特例市で43市中10市（23.3％）となっており、全体として3割以上の自治体が首長公室を設置していることがわかる。また、首長公室を設置している自治体のうち、7割近い自治体が首長直属となっているが、企画部門が所管しているところが2割、総務部門が所管しているところが約1割となっており、従前の首長直属というイメージとは異なった傾向もうかがえる。

図表4-4　知事公室・市長公室の設置状況（2008年）

区　分	首長公室の設置 自治体数	首長公室の設置 割合(％)	首長直属 自治体数	首長直属 割合(％)	総務部門 自治体数	総務部門 割合(％)	企画部門 自治体数	企画部門 割合(％)
都道府県	15	31.9	8	53.3	3	20.0	4	50.0
指定都市	7	41.2	4	57.1	2	28.6	1	25.0
中核市	13	33.3	10	76.9	0	0.0	3	30.0
特例市	10	23.3	9	90.0	0	0.0	1	11.1
計	45	30.8	31	68.9	5	11.1	9	20.0

（出所）　各自治体の行政機構図をもとに筆者が作成。
（注）　　知事公室、市長公室のほか、知事室および市長室も「首長公室」に含めた。

その担当業務については、図表4-5のとおりであるが、秘書業務は首長公室を設置している自治体すべてでその所掌事務になっていることは、当然のことであろう。つぎに多いのが広報広聴業務で指定都市においては7市全部、全体でも8割以上の自治体が担当している。企画業務、国際業務は2割程度である。その他の業務としては、情報公開（秋田県）、防災・危機管理（奈良県、秋田県）、行政経営・行政改革（つくば市、盛岡市）、基地問題（沖縄県）が挙げられる。かつて秘書業務とならんで首長公室の業務とされた人事業務を首長公室が所管している自治体は2市のみと極めて少ない。「秘書機能及び人事機能を中心とした市長公室は市長個人的恣意が不当に反映する傾向もあるので好ましくない[3]」と指摘されたように、首長公室が人事業務を担うことは、人事の客観性や公平性を阻害するおそれがあると判断されたことによるものと思われる。現在の首長公室は、秘書業務および広報広聴業務を基本としつつ、危機管理を含めた首長の特命の業務を担当している部門と整理できるのである。

図表4-5　知事公室・市長公室の担当業務（2008年）

区　分	秘書業務 自治体数	割合(%)	企画業務 自治体数	割合(%)	広報広聴業務 自治体数	割合(%)	国際業務 自治体数	割合(%)	その他 自治体数	割合(%)
都道府県	15	100.0	2	13.3	10	66.7	3	20.0	6	40.0
指定都市	7	100.0	1	14.3	7	100.0	3	42.9	2	28.6
中核市	13	100.0	3	23.1	11	84.6	4	30.8	7	53.8
特例市	10	100.0	3	30.0	9	90.0	1	10.0	5	50.0
計	45	100.0	9	20.0	37	82.2	11	24.4	20	44.4

（出所）　各自治体の行政機構図をもとに筆者が作成。

Case 1　政策企画部を廃止して知事公室を設置＝長崎県

　長崎県では、2008（平成20）年4月の組織改正で政策企画部を廃止し、知事公室を新設した。知事公室は、図表4-6に示したとおり2企画監（県庁舎・まちづくり担当および世界遺産担当）、4課（政策企画課、秘書課、

広報広聴課、国際課)で構成されている。政策企画課および広報広聴課は政策企画部、秘書課は総務部、国際課は地域振興部から、それぞれ移管されたものである。長崎県の知事公室は、秘書業務および広報広聴業務に加えて首長の特定業務を担当しており、首長公室の最も代表的な類型である。

図表 4-6　長崎県知事公室の組織構成 (2008 年)

```
知事公室 ── 企画監（県庁舎・まちづくり担当）
        ── 企画監（世界遺産担当）
        ── 政策企画課
        ── 秘書課
        ── 広報広聴課
        ── 国際課
```

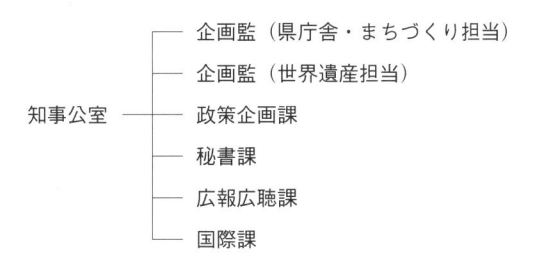

Case 2　総合企画局内に市長室を設置＝西宮市 (兵庫県)

　西宮市では、総合企画局内に市長室を設置し、同室は図表 4-7 のとおり秘書国際課、広報課、市民相談課の 3 課で構成されている。所管部局は企画部門であるが、市長室そのものは企画業務を所掌せず、秘書業務および広報広聴業務を主に担っており、秘書・広報型といえる。このように、首長公室が首長直属ではなく、企画部門に属しているものの、公室内に企画担当を置いていない例は、同市のほか北海道や、兵庫県などでもみられる。

図表 4-7　西宮市総合企画局の組織構成 (2008 年)

```
総合企画局 ── 企画総括室
         ── 文化まちづくり部
         ── 情報政策部
         ── 市長室 ── 秘書・国際課
                  ── 広報課
                  ── 市民相談課
```

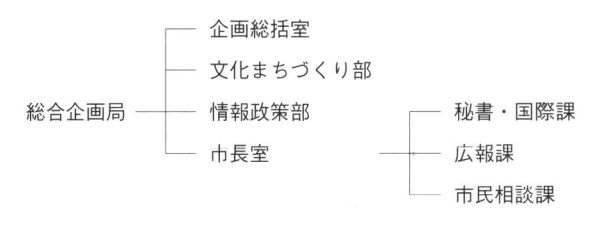

第2節　企画部門と財政部門

　地方自治体において企画部門は政策の企画立案、財政部門は自治体の財政運営を担っており、ともに首長のトップ・マネジメントを支えるスタッフ組織である。一方、その沿革や期待される役割は異なっており、時として企画部門と財政部門の連携のあり方が課題として浮上する場合も見られる。また、企画部門と財政部門を同一の部局に属させるべきかという論議も、1960年代から続けられてきた。

1　企画部門の役割と沿革

(1) 企画部門の役割

　企画部門は、首長のトップ・マネジメントを補佐する組織のなかでも、特別職である副知事、副市町村長を除けば、最右翼に位置づけられる。何よりも政策を企画立案する役割を担っているからである。具体的には、総合計画の策定、重要施策にかかる総合調整、庁議（経営会議）の運営、特命事項等の事務など幅広い業務を担い、先見性に富んだ企画立案能力、柔軟で迅速な対応が求められる部門である。特に、地方分権時代にあっては、政策主導型の行政が求められ、首長の政策を実現するための庁内司令塔として最も重要な位置づけとなっている。

(2) 企画部門の沿革

都道府県における企画部門

　自治体における首長の補助機関のうち首長直近の下位組織については、都道府県では、これまで何回か触れているように戦前は地方官官制、戦後は地方自治法で規定されていた。地方官官制および地方自治法では、戦前、戦後を通じていずれも首長の政策の企画立案を所掌する組織を想定していなかったといわざるを得ない。制定当時の地方自治法では、総務部の

事務として「都道府県の行政一般に関する事項」を定めており、企画立案業務は総務部の業務の一部であると考えられていた。企画部門を部レベルで設置しようとすれば、旧地方自治法の規定に基づき、あらかじめ自治大臣に協議しなければならなかった。

都道府県における企画担当部の変遷を図表4-8によりたどってみたい。

第2次世界大戦直後は企画部門を設置しているところは見られなかったが、1950年代になると北海道、三重県でそれぞれ総合企画本部、企画本部が設置され、いくつかの県では知事直属の組織として企画室、企画審議室等が置かれるようになった。その他、知事公室あるいは総務部に企画課を設置するところも見られた。1950年代後半から1960年代にかけては、企画担当部の設置が急増する。戦後の復興が一息つき、高度経済成長の幕開けの時期である。多くの都道府県では総合計画の策定に伴い、企画担当部の設置が必要とされたものと考えられる。この時期、企画担当部の設置に熱心であったのは農業県であったといわれるが、「これについては、農業県は経済成長に即応した地域開発計画の策定を急いだから、というのが一般的な解釈である[4]」とされている。

1970年代以降はほとんどの都道府県で企画所管部局が設置されるようになる。1970年代に発行された自治体職員向けの地方自治法の解説書である『地方自治法　演習』では、「企画開発部局のあり方について、どのような点に問題があるか」という演習事例[5]が設定されており、当時の都道府県では、新たな部局の設置、特に企画部の設置について、重要な課題であったことがうかがえる。同書では、企画部の類型を、企画開発型、企画調整型、企画雑務型の3つに整理しており、1970年代のものとはいえ、現在でも参考になるのでそのポイントを紹介したい。

まず、企画開発型は、長期総合計画の策定・実施、重要施策に係る総合調整、調査統計に係る事務を所掌し、分課組織として、企画課、開発課、統計課などで構成され、開発の実施部門を所掌する場合は、工場用地の造成に係る事務、土地買収その他の用地事務、工場誘致に関する事務等も分掌していた。さらに、公害対策や水資源の調整に関する組織を含んでいたケースもあった。

第2の類型である企画調整型は、重要施策の決定、トップ・マネジメントの補佐機能を担うとともに、各部間の事務の総合調整を担当し、分課組織として企画課、調整課などで構成されていた。

　第3の類型である企画雑務型は、第1類型または第2類型の所掌を基本としつつも、これにさまざまな観点から特殊な事務を加えていた。付加された事務としては、①青少年、交通安全、消費者保護などの新規行政事務で各部局間に関連性を有し、総合的一元的処理が必要とされる事務、②事務改善、能率に係る事務、③広報、県民室等に関する事務など従来総務部が所掌していた事務が挙げられる。

　1980年代以降の特徴としては、企画担当部の名称に「政策」を付すところが少しずつではあるものの増加しており、2008（平成20）年には10府県を超えていることである。これは、企画部門の役割が、従来の長期計画の策定に加え、政策的な課題への迅速な対応、知事のマニフェストの実現など政策的な業務が増えていることによるものではないかと考えられる。

図表4-8　都道府県における企画担当部の設置状況

1955年		1965年		1975年		1985年		1995年	
自治体数	割合(％)	自治体数	割合(％)	自治体数	割合(％)	自治体数	割合(％)	自治体数	割合(％)
2	4.3	32	69.6	38	80.9	37	78.7	40	85.1

（出所）　各年次の大蔵省印刷局編『職員録』などを参考に筆者が作成。
（注）　都道府県数は、沖縄県が1975年に日本に復帰したため、1955年および1965年は46、1975年以降は47である。

市町村における企画部門

　市町村が組織編成を行なうにあたって、従来から地方自治法による規制は都道府県に比べ小さく、経済性や能率性の原則、他の市町村との均衡保持原則の制約はあるものの、都道府県が課せられていたような法定局部制

などの制約はなく、比較的自由な組織設計が可能であった。

　まず、市の企画部門について、1958（昭和33）年に東京市政調査会が全国調査を実施しているので、これを紹介したい。全502市のなかで回答があった376市のうち、企画課など企画調査業務を主たる目的とする組織を有する市は、145市で38.6％を占めている。これを人口段階別に見ると人口20万人以上の市では60％、人口10万以上20万未満の市では62.5％、人口5万以上10万未満の市では34.8％、人口5万未満の市では29.7％となっている。また、同調査によれば、1945（昭和20）年に横須賀市で企画課が設置されたのが、全国ではじめてであり、その後1955（昭和30）年から1957（昭和32）年の3年間に110市が企画担当課を新設しており、戦後10年余りで飛躍的に増加したことになる。この時期は、1953（昭和28）年の町村合併促進法の制定により昭和の大合併がはじまり、新市町村建設計画の策定など合併関係の事務を担う組織が必要だったものと考えられる。

　その後、市における企画部門の組織編成について、研究者や実務者等の間でさまざまな論議があったが、その中心を担ったのは、（財）日本都市センターである。同センターは1960年代後半以降、ほぼ10年ごとに市役所事務機構研究委員会を立ち上げ実態調査を実施するとともに、今後の方向性について多くの提案を示してきた。1966（昭和41）年に発表された同研究委員会（第1次）の報告書において、トップ・マネジメント強化のため、企画調整機能の強化を掲げ、当時の市の企画課を、開発振興型と企画調整型に分類した。

　そして、都市における行政組織について、標準部課案を示し、そのなかで企画部門については、人口10万都市にあっては、総務部内に企画財政課を、25万都市にあっては、企画財政室内に企画参事を置くことを提案している。同時に全国の都市の中から数市を抽出して実態調査を行った。その概要は、図表4-9のとおりであるが、1960年代中期には企画部門として、25万都市や10万都市では企画部や企画室などを、5万都市では企画課を設置していたことがわかる。

図表 4-9 都市における企画部門（1965 年）

区　分	都市名	組織名
人口 5 万都市	小林市（宮崎県）	秘書企画課
	むつ市（青森県）	企画課
	川内市（鹿児島県）	企画課
人口 10 万都市	米子市（鳥取県）	総務部秘書企画課
	大津市（滋賀県）	企画部企画課
	高岡市（富山県）	総合企画部
人口 25 万都市	宇都宮市（栃木県）	企画室
	八戸市（青森県）	企画審議室
	千葉市（千葉県）	総合企画室
	下関市（山口県）	企画室
	佐世保市（長崎県）	企画部企画課

（出所）（財）日本都市センター『市役所事務機構の合理化』1966 年、266-268 頁をもとに筆者が作成。

　続いて、同センターは第 1 次研究委員会から約 10 年後に「新しい市役所事務機構研究委員会」（第 2 次委員会）を設置し、1978（昭和 53）年に報告書を発表した。報告書のなかで、第 1 次委員会と同様に企画調整部門を開発振興型と企画調整型に分類し、さらに企画調整型を企画財政型と企画総務型に分けた。企画財政型は、企画機能が財政と結合している類型であるが、企画総務型は企画機能が秘書、人事、広報、広聴と結合している型である。そして、現状の問題点として次のように整理するとともに、部課組織のモデルとして企画部門について図表 4-10 のとおりの提案を行った。

○　企画調整部門の大半が企画調整機能の遂行に成功していない。
○　その最大の要因は企画調整の概念について明確なイメージを欠き、企画調整機能の権能と権限、組織相互を関連付ける手続・方法についての制度化に失敗したこと。
○　スタッフ機能とライン機能が未分化であること。

　同センターは第 3 次委員会を 1986（昭和 61）年に設置し、翌 1987（昭和 62）年に報告書が提出された。この報告書では、これまでのようにモ

図表 4-10　第 2 次調査委員会の企画調整部門についてのモデル案

○5万都市の部課組織（企画部門）

企画財政課 ─┬─ 企画
　　　　　　├─ 財政
　　　　　　└─ 管財

○10万都市の部課組織（企画部門）

総務部 ─── 企画財政課 ─┬─ 企画
　　　　　　　　　　　├─ 財政
　　　　　　　　　　　└─ 管財

○25万都市の部課組織（企画部門）

企画室 ─── 企画課 ─┬─ 企画
　　　　　　　　　├─ 土地利用
　　　　　　　　　└─ 統計

（出所）（財）日本都市センター『新しい市役所事務機構』1978年、263-268頁をもとに筆者が作成。

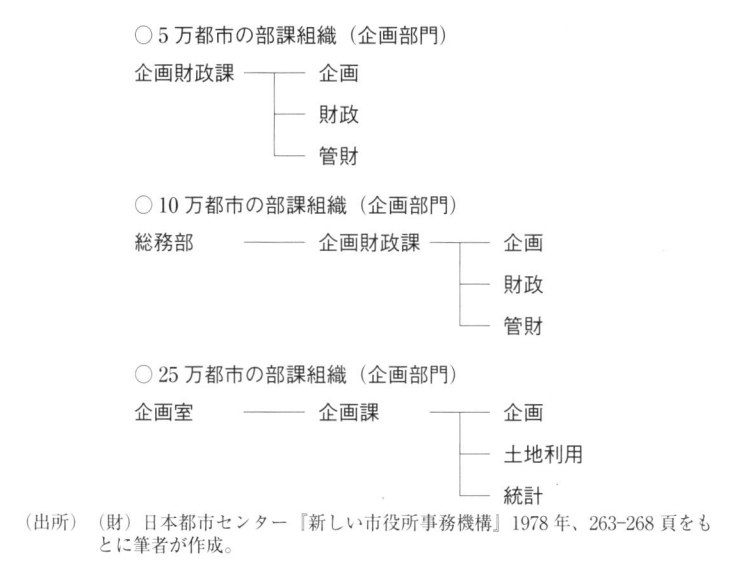

図表 4-11　人口規模ごとの組織類型（企画部門）

人口規模	類型	内容（機能、課）
5万〜7万都市	I	総務部〜企画
	II	企画部〜企画、財政、広報広聴
10万〜15万都市	I	企画財政部〜企画（調整）、財政、広報、広聴、コミュニティ
25万〜50万都市	I	企画部〜企画、調整、広報、広聴

（出所）（財）日本都市センター『新しい市役所事務機構の方向』1987年、329-346頁をもとに筆者が作成。

デル案を提案するのではなく、類似団体の積み上げにより都市規模別に組織類型を提示するにとどまり、企画部門についての組織類型は図表4-11のとおりとなっている。

2　財政部門の沿革と役割

(1) 財政部門の役割

　予算の編成権は、地方自治体の長に専属しており、編成の過程において当該自治体の財政部門が首長の補助執行を行なうことになる。予算編成事務は、一般に予算編成方針の決定、予算要求、予算査定、予算書の作成という一連の流れで行なわれている。

　まず、前年度の10月頃、予算編成の方針が庁議を経て決定される。内容的には、翌年度の財政運営の基本的な考え方と当該自治体の重点施策が示される。各部局はこれを指針として予算見積書を作成し、財政部門に予算要求を行なう。財政部門は、予算要求書の提出を受けると、各部局にヒアリングを行ない、予算要求の妥当性を審査する。最終的な予算案は首長が決定するが、実際に首長が所管部局からヒアリングを行ない、査定するのは、新規事業や重点事業が中心で、その他の事業は財政部門の段階で事実上査定が終了する。首長の査定後、財政部門は計数整理を行ない、予算書を調製し、予算説明資料を添付して議会に提出する。このすべての流れは、財政部門の仕切りのもとで行なわれる。その他、財政部門は地方交付税の基礎数値のとりまとめ、起債事務、決算書や議案書の作成など多岐にわたる業務を所管している。

(2) 財政部門の沿革

　多くの自治体では、予算などの財政に関する事務を担当するセクションとして、財政課を設置している。長野県では、財政課は地方自治法が施行されて1年以上も経過した1948（昭和23）年10月に設置されており、それまでは庶務課で予算関係の業務を担当していた。ほかの多くの府県でも同様の状況ではなかったかと思われる。すなわち、財政課が行政組織として登場したのは第2次世界大戦後といえる。戦前の東京都には長官官房に財務課が、東京都制導入前の東京市には財務局が置かれ、それぞれ議案や予算の事務を所掌していた。現在、予算編成等を担当している部門としては、多くの府県では財政課、指定都市では財政局、中核市および特例市で

は財政部（あるいは財務部）が一般的であろう。最近の特徴として、岩手県、三重県や香川県では、財政課の名称を予算調製（整）課（室）に改称している。

3　企画部門と財政部門の連携

　企画部門と財政部門が同一部局に属している自治体は、図表4-12に示したとおり都道府県で3、指定都市で1、中核市で8、特例市で8の合計20自治体（13.7％）となっている。1960年代から企画部門の類型の1つとして企画財政型が議論されていた割にはけっして高い数字ではなく、企画部門と財政部門を同じ屋根の下に入れることは、容易でないことを物語っている。中核市や特例市と比較して自治体組織の規模が大きい都道府県や指定都市のほうが、企画部門と財政部門が同一部局に属している割合が低くなっている。

　両部門を同一部局に配置するメリットとして、新規政策について、企画段階から密接な協議が行なわれ、財政的な裏づけをもたせることが可能となることが挙げられる。一方、企画部門が、圧倒的な優位を占める財政課に遠慮して新規政策の打ち出しや部外への発信ができずに終わってしまい、企画本来の役割が発揮できないとの見解もある[6]。いずれにせよ、自治体経営という観点から、首長のトップ・マネジメントを支えるスタッフ部門としての企画（政策）部門と財政部門の役割は大きく、多くの課題はありつつも、それを克服して互いの連携を密接することが重要である。

図表4-12　企画部門と財政部門が同一の部局にある自治体（2008年）

区　　分	自治体数	割合（％）
都道府県	3	6.4
指定都市	1	5.9
中核市	8	20.5
特例市	8	18.6
計	20	13.7

（出所）　各自治体の行政機構図をもとに筆者が作成。

Case 1　企画部門と財政部門の一元化＝埼玉県

埼玉県では、2008（平成20）年4月の組織改正において企画部門と財政部門を一元的に所管する企画財政部を設置した。政策の企画立案と予算編成を連動させ、政策課題に効果的かつ効率的に対応するのがねらいであり、政策マネジメントの改善により政策課題を明らかにしたうえで必要な施策に予算と人員を重点的に投入することとしている。同部は、企画総務課、財政課、改革推進課をはじめ10課で構成されている。

図表 4-13　埼玉県企画財政部の組織構成（2008年）

```
企画財政部 ─┬──────────── 企画総務課
            ├──────────── 計画調整課
            ├──────────── 財政課
            ├─（改革政策局長）─ 改革推進課
            │              ├─ IT 推進課
            │              └─ システム調整課
            └─（地域政策局長）─ 地域政策課
                           ├─ 市町村課
                           ├─ 土地水政策課
                           └─ 交通政策課
```

Case 2　東京における企画部門と財政部門

東京では、東京市の時代から企画部門と財政部門の連携、確執が繰り返されてきた[7]。まず、1938（昭和13）年に東京市は企画課、財務課、都市計画課などで構成される企画局を設置した。企画機能と予算機能を持つ強大な組織の誕生であった。当時の企画課は、新規事業の査定権を有し、同課で重要度のランク付けが行なわれた後に、財務課が最終査定を行なうというものだった。両課は、一つ屋根の下に入りはしたものの、水と油の関係でしかなく、わずか1年で企画局は廃止され、1939（昭和14）年に

総務局と財務局に分割された。ところが、3年後の1942（昭和17）年に総務部、企画部などで構成される市長室が設置され、企画部に企画、予算、都市計画の機能が付与され、1938（昭和13）年の企画局が事実上復活した。過去の失敗を教訓に企画部長自ら企画課と財務課の連絡調整に動いたものの、効果はあがらなかったと考えられている。1943（昭和18）年に市制から都制に移行し、企画部門は行政組織上姿を消した。

第2次世界大戦後、企画部門は、都民室［1952（昭和27）年］、企画室［1960（昭和35）年］、企画調整局［1964（昭和39）年］、政策室［1976（昭和51）年］などと幾多の変遷をたどり、現在の知事本局に至る。この間、美濃部都政時代の1968（昭和43）年に、予算、計画、組織管理などの機能を有する経営局構想が都議会に提案されたが、野党の反対に遭い廃案となった。この構想は、トップ・マネジメントの強化を主眼としたものであるが、水面下では予算機能を奪われる財務局の抵抗があったといわれている。

青島都政下の1999（平成11）年に基本政策の企画および重要施策の総合調整に加え、予算機能を有する政策局を設置する構想が発表されたが、青島知事の退陣により陽の目を見ることはなかった。

戦前の東京市では数年であるが、企画部門と財政部門の組織上の融合が図られたが、水面下での相当の確執があったといわれ、戦後は2回にわたって構想が浮上したものの、中途で頓挫している。このことは、両部門の融合の困難さを示している。

第3節　会計管理者とその補助組織

2007（平成19）年の改正地方自治法の施行により出納長・収入役制度が廃止され、会計管理者制度が創設された。出納長や収入役は、自治体の会計事務の総括責任者であり、その任命にあたっては議会の承認が必要とされるなど、重要な役割を担ってきた。同時に知事・市町村長、副知事・助役と並んで三役と称せられることもあった。出納長制度は地方自治法の

施行から60年、収入役制度は市制・町村制から約120年にわたって継続し、地方自治制度と歩みをともにする長い歴史を有する制度でもあった。しかし、会計管理者制度に変わったからといって首長のトップ・マネジメントを会計管理という自治体の根幹的な業務の面から支える重要な役割に変更はないと考えられる。

1 出納長・収入役制度

(1) 概要

地方自治法は、地方自治体の会計事務を掌る補助機関として、都道府県にあっては出納長、市町村にあっては収入役を置くことを義務づけていた。出納長・収入役制度は、近代における会計法の原則、すなわち命令機関と出納の執行機関の分離の考えに基づき設計されたものである。自治体の場合、命令機関は首長であり、執行機関は出納長・収入役であるが、この2つの機能を分離することによって、事務処理の公正な運営を確保するねらいがあった。出納長・収入役は、他の補助機関と比べて、独立性が高く、その掌る会計は首長の監督に服するものの、出納その他の会計事務については、独立した執行権限を有していた。

(2) 沿革

出納長制度は、戦後の地方自治法の制定に伴って創設されたのに対し、収入役制度の歴史は古く、1888（明治21）年に制定された市制・町村制によって設けられ、各市町村に1名の収入役を置くこととされた。市町村の収入役については、当時の「町村制理由書」には制度創設の趣旨として、収支の命令者と実際の出納者を分離するためであることが明確に記されていた。一方、府県については、1890（明治23）年に制定された府県制において、収支命令は知事が行い、現実の出納行為は会計事務を管理する官吏が取り扱うものとされたが、「知事の他の事務を取り扱う系列において会計事務を管理する官吏が取り扱っていたものであって、当時は出納吏なる者はいなかった[8]」といわれる。

収入役制度は、戦前数回にわたって改正され、戦後の地方自治法では、補助機関としての出納員制度が認められたものの、「制度的には本質的改革はみるに至らず、従来の収入役、副収入役制度がそのままの形で存続された[9]」との指摘がある。

2　会計管理者制度

(1) 地方財務会計制度調査会における論議

地方自治法は、地方財務制度について戦前の府県制、市制・町村制を踏襲しており、会計管理の面から改善を要するところが少なくなかった。そのため、政府は、1959（昭和34）年に地方財務会計制度調査会を設置して財務制度全般にわたって検討を行った。1962（昭和37）年に提出された同調査会の答申では、出納長・収入役制度については、その補助職員および補助機構の整備と職務権限の拡張が盛り込まれたものの身分に関しては何ら触れられなかった。しかしながら、同調査会の委員から提起された意見は、その後の出納長・収入役制度の廃止を検討する際に、極めて示唆に富んだものと思われるのでその一部を以下に紹介しておきたい[10]。

- ○　出納長制度は中途半端な格好でおかしくないか。
- ○　出納長は特別職であるために、会計事務を純粋に取り扱わず、逆に政治的に活動するという矛盾が招来している。
- ○　せっかく特別職にしたが、その効果は現れていない。特別職にする意味がないのではないか。事務的、技術的な審査は補助スタッフでやっている現状では、特別職の政治的立場での審査は容易ではない。出先機関の出納事務は大方出納長の手を離れている。

(2) 会計管理者制度の創設

2005（平成17）年12月の第28次地方制度調査会の「地方の自主性・自律性の拡大及び地方議会のあり方に関する答申」において、出納長・収入役制度を廃止して新たな制度に改めるべきとされた。この背景として、地方制度調査会の答申では、会計事務に関する電算化が進展している状況

や出納長・収入役が当該自治体のナンバー3として本来の職務とは直接関係のない重要施策の決定に広く関与している実態を挙げている。

この答申を踏まえ、2006(平成18)年に地方自治法が改正され、出納長・収入役制度が廃止されるとともに新たに自治体の会計事務をつかさどる補助機関として会計管理者を置くこととなった。出納長・収入役が特別職であり、議会の同意が必要であったのに対し、会計管理者は職員の中から首長が命ずることとなり、一般職となったことが、最大のポイントである。その職務は、従前とまったく変わっておらず、地方自治法では、会計管理者の職務である会計事務を次のように例示している。

- 現金の出納および保管を行うこと。
- 小切手を振り出すこと。
- 有価証券の出納および保管を行うこと。
- 物品の出納および保管を行うこと。
- 現金および財産の記録管理を行うこと。
- 支出負担行為に関する確認を行うこと。
- 決算を調製し、これを普通地方公共団体の長に提出すること。

3　出納員制度と会計管理者の補助組織

(1) 出納員制度

地方自治法第171条では、会計管理者の事務を補助執行させるため、出納員その他の会計職員を置くとされている。自治体の事務が複雑かつ大量化するに伴って、会計事務が増大する中にあって、会計管理者のみで会計事務を処理することは困難だからである。出納員は本庁にも置かれているが、多くは出先機関に置かれており[11]、出先機関に設置された出納員は専任ではなく兼務であることが多い。たとえば、当該出先機関の総務課長が出納員に任命された場合、当該出先機関の総務課長として事業の執行に関与しながら、執行の審査を行なうという一人二役を担うことになる。

このことは、命令機関と執行機関の分離という近代会計法の原則からどう考えればよいのだろうか。こうした課題を打開するために、出先機関に

出納の専任組織を求める声があり、富山県、長野県および静岡県では、地区ごとに出納室や会計センターを設置している。また、2003（平成15）年4月に静岡市と清水市が合併して誕生した新静岡市では、静岡会計課と清水会計課を設置している。

(2) 会計管理者の補助組織

会計管理者の補助組織については、地方自治法第171条第5項により規則で設置することができるとされている。都道府県と市の内部組織を比べた場合、多様性という点では、一般的に市の方が優る。これは、都道府県が地方官官制以来1990年代まで国の法律により設置すべき局部やその数が細かく定められていたのに対し、市についてはそのような拘束がなく比較的自由に組織設計が可能だったことに起因すると考えられる。

各自治体の会計管理者の補助組織を見ると、都道府県の場合、地方自治法で会計事務と例示されたもの以外に、入札管理、工事検査、物品調達、財産管理、総務事務など多様な業務を所管している。その内訳は、図表4-14に示しているとおり、物品調達業務や検査業務がそれぞれ2割近くを占めている。総務事務を一元化に担う総務事務センターが会計管理者のもとで所管されているところが5県に及んでいる。会計管理者の補助組織

図表4-14 会計管理者の補助組織の業務（2008年）

区　分	入札管理	割合(%)	検査	割合(%)	総務事務	割合(%)	物品調達	割合(%)	財産管理	割合(%)
都道府県	2	4.3	8	17.0	5	10.6	9	19.1	4	8.5
指定都市	0	0.0	0	0.0	0	0.0	2	11.8	0	0.0
中核市	0	0.0	2	5.1	0	0.0	0	0.0	0	0.0
特例市	0	0.0	1	2.3	0	0.0	1	2.3	0	0.0
計	2	1.4	11	7.5	5	3.4	12	8.2	4	2.7

（出所）各自治体の行政機構図などをもとに筆者が作成。

の多くが、会計管理局等「局」の形態をとっており、おおむね1課から3課程度で構成されている。

　市における会計管理者の補助組織は、指定都市、中核市、特例市を問わず、出納事務や審査事務などの基本業務が中心で、それ以外の業務を所管しているところは少ない。検査業務や物品調達業務を会計管理者の補助組織が所管しているところは、それぞれ3市であり、都道府県と比べると多様性に乏しい。市の場合、出納事務や審査事務といった本来の業務に純化する傾向が従来から強かったものと考えられる。その形態は、「室」あるいは「課」がほとんどであるが、後に紹介する福井市では、会計管理者のもと3課1室で構成される工事・会計管理部を設置している。

　Case 1　出先機関に出納室を設置＝静岡県

　静岡県では、グループ制を採用しているため、会計管理者の直属組織である出納局は5室で構成され、他の自治体と比べ構成組織は多くなっている。会計管理者が出納局長を兼務しており、出納局では出納や審査などの会計管理者の基本業務以外に、集中化推進室では総務事務の企画および集中処理に関することや総務事務センターに関することを、用度室では印刷物の外注契約、庁内印刷や本庁の自動車の集中管理の業務を担当している。また、県下8地区（下田、熱海、東部、富士、静岡、藤枝、中遠、浜松）に出納室が配置され、主に出先機関の会計事務を所管している。

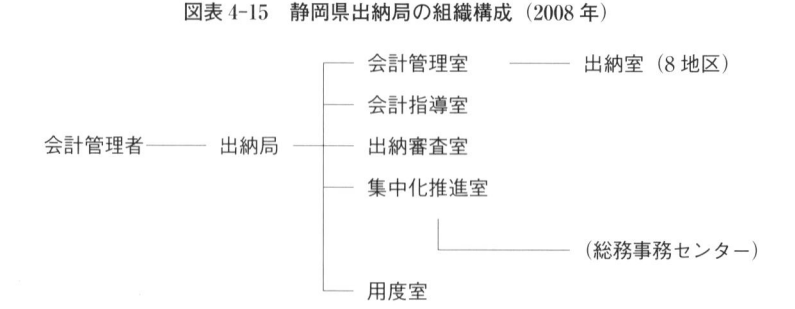

図表4-15　静岡県出納局の組織構成（2008年）

```
会計管理者 ─── 出納局 ┬─ 会計管理室 ─── 出納室（8地区）
                     ├─ 会計指導室
                     ├─ 出納審査室
                     ├─ 集中化推進室
                     │         └──── （総務事務センター）
                     └─ 用度室
```

Case 2　出納局で契約業務や工事検査を所管＝福島県

　福島県では、2008（平成20）年4月の組織改正により、会計管理者の補助組織として従前の会計事務局を改組し、出納局を設置した。それまでの会計事務局は会計第一課と会計第二課の2課構成であったが、出納局では出納総務課、入札用度課、審査課、工事検査課、給与旅費室の4課1室体制となっている。出納総務課は局内の企画・予算・経理のほか財務会計システム、国費会計事務、現金の出納および保管、決算の調製を、入札用度課は物品購入契約、工事入札事務を、審査課は県費会計事務の審査・指導を、給与旅費室は報酬、給料、旅費等の審査を、工事検査課は工事の検査を主に所管している。福島県の出納局は、会計管理者の基本業務以外に知事の業務の補助事務も担っていることが大きな特色である。

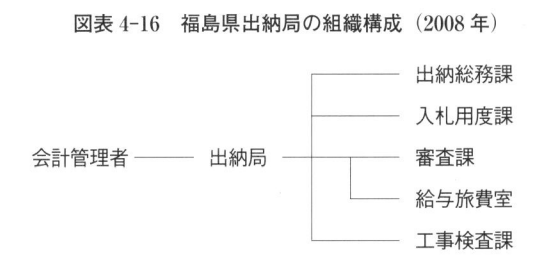

図表4-16　福島県出納局の組織構成（2008年）

```
会計管理者 ─── 出納局 ┬── 出納総務課
                      ├── 入札用度課
                      ├── 審査課
                      ├── 給与旅費室
                      └── 工事検査課
```

Case 3　出納室と工事検査室を統合した工事・会計管理部＝福井市

　福井市における会計管理者の直属組織は、他の市に比べやや変則的である。会計管理者の直属組織である工事・会計管理部は3課1室で構成されている。このうち工事検査課、技術検査課および工事監察課は基本的に市長の業務の補助執行を担い、出納室が会計管理者の補助業務を担当している。従前、福井市では、収入役の補助組織である出納室と市長の補助機関である工事検査室を分離していたが、2007（平成19）年の組織改正により両者を統合した工事・会計管理部を設置した。同市の行政組織規則では、出納室は「会計管理者の事務を処理する補助組織として」規定されて

おり、同部内の工事関係の3課とは、明確に位置づけを異にしているが、会計管理者は工事・会計管理部長を兼務している。

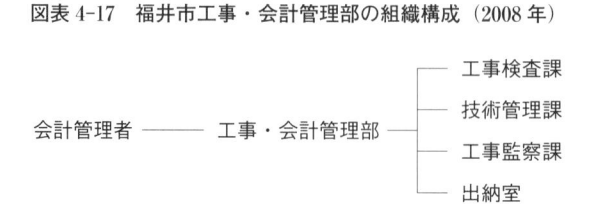

図表 4-17　福井市工事・会計管理部の組織構成（2008年）

```
会計管理者 ──── 工事・会計管理部 ┬── 工事検査課
                                  ├── 技術管理課
                                  ├── 工事監察課
                                  └── 出納室
```

4　会計管理業務の課題

　2007（平成19）年度にスタートした会計管理者制度であるが、会計管理者たちは、現在どのような課題に直面し、どのような姿勢で職務を遂行しようとしているのだろうか。いくつかの自治体では、各部局長が首長にマニフェストや組織目標などを提出する仕組みを有している。そのような自治体では、部局長のマニフェストなどを当該自治体のホームページで公表している。これらにより収集した会計管理者のマニフェストあるいは組織目標を整理したものが図表4-18である。

　いずれの自治体も、公金管理の安全性・効率性を掲げているが、安全性と効率性は相反する場面が生ずる可能性もある。税収の増加が期待できないなかで、効率的な運用により少しでも歳入確保を図ることや、金融情勢が極めて不安定な情勢のもと、公金は自治体の貴重な資産でありリスク管理に万全を期すことも会計管理者の重要な責務である。2008（平成20）年11月に公表された会計検査院の年次報告では、調査対象のすべての府県で国庫補助事業の事務費について不適正な事務処理があったことが指摘され、近年、自治体の監査での指摘件数が増加しているともいわれている。このため、横浜市や別府市の会計管理者が設定している。「適正な会計事務の確保」は、自治体経営上、最大の課題になっており、首長のトッ

プ・マネジメントを支える会計管理者の役割と責任は出納長・収入役の時代よりも増大している。

図表 4-18　会計管理者および会計管理組織のマニフェスト、組織目標（2008 年）

自治体名	設定者(作成者)	主な内容
山形県	会計管理者	○新財務会計システムの運用　○入札制度の改善　○県財務諸表の作成・公表　○公金管理における安全性の確保
滋賀県	会計管理局	○契約事務における競争性・透明性の向上　○効率的かつ適正な公金管理
横浜市	会計室	○適正かつ効率的な会計事務の推進　○市民に信頼される支払事務の推進　○資金の効率的な管理・運用
別府市	会計管理者	○予算の適正執行の監視強化　○公金の安全性及び効率的運用の実現　○会計事務職員の充実
千代田区	会計管理者	○公金の効率的運用の強化　○公金収納方法の多様化の推進　○会計事務の効率化の推進　○新公会計制度導入準備

（出所）　各自治体のホームページをもとに筆者が作成。

第4節　監査組織と内部統制

　地方自治体の監査は、地方自治法に基づき主に監査委員により担われている。現行の監査制度については、住民や監査を受ける側それぞれの立場から多様な評価がある。かつて一部の自治体で「官官接待」や「カラ出張」が発覚した際に監査委員の補佐役である監査事務局でも同様の行為が行なわれていたことが判明し、住民やマスコミから厳しい糾弾を浴びたことがある。「一般的にも、監査制度は都市自治体の外部から、これを監査しているとは受け止められていない[12]」という指摘もある。一方、自治体職員から自治体の監査と国費を対象とした会計検査院の検査では緊張が異なるという話を聞くことがある。

　会計検査院の検査は、主に国庫支出金による事業を対象として行なわ

れ、最悪の場合、補助金の国庫への返還ということにもなりかねない。会計検査院に対しては自治体の東京事務所による情報収集が行なわれることもあれば、実地検査で検査官が納得しない場合には、自治体から霞ヶ関に出向いての説明ということもある。自治体の職員にとって、監査委員による監査は同じ自治体で完結するものと認識されているようである。どのような評価があろうとも、地方分権の時代にあっては、地方自治体に自律性の確保が何よりも求められ、住民からの信頼を獲得するため、チェック機関としての監査組織の重要性は増大するものと考えられる。

そこで本節では、自治体の監査制度について、その沿革、概要や論議の動向を概観する。また「内部統制の時代」といわれるように、今や民間企業の経営にとって内部統制は必須であるが、自治体にとって内部統制の導入は萌芽期にあり、監査組織あり方と一体的な考察が求められている。

1 監査制度の沿革

地方自治体における監査については、戦前は一部の自治体では、執行機関の中に自己監査のための組織を置き、内部監査を実施していた。府県制や市制・町村制により住民の代表者である議会に対して監査権限が付与され、財務監査を中心に府県参事会にあっては実地出納検査、市町村議会にあっては書面審査や実地検査が認められていた。1943（昭和18）年に戦時体制の強化のため、地方自治制度が改正され、国が直接監督する体制となり、議会の監査権限は大幅に縮小された。

1946（昭和21）年に地方自治制度の改正により議会の監査機能が復活するとともに、執行機関から独立した監査委員制度が創設された。監査委員の定数は東京都6人、道府県や5大市（京都市、大阪市、名古屋市、横浜市、神戸市）では4人で必置であった。5大市以外の市や町村では条例による任意設置であった。1947（昭和22）年に制定された地方自治法では、監査委員が執行機関のひとつとして規定され、首長から独立した機関として位置づけられた。監査委員は、都道府県については必置で定数は4人、任期2年、市町村については条例による任意設置で定数2人、任期2

年とされた。その後、数回の改正を経て現在に至っているが、そのたびに監査機能の充実強化が図られ、行政に対する需要が複雑・多様化し、高度化するなかで、監査委員に対する期待は増大する一方である。

2 監査制度の概要

(1) 監査委員制度

監査委員の役割

　自治体の監査を担う監査委員の役割は、自治体の財務事務の執行や事業の執行管理に関して監査を行なうほか、行政事務一般についても監査を行なうことができるとされている。

監査委員の構成

　監査委員の構成は、都道府県および人口 25 万人以上の市にあっては、定数 4 人でそのうち議員 1 人の場合は識見を有する者 3 人、議員 2 人の場合は識見を有する者 2 人となっている。市町村については、地方自治法制定当時は任意設置であったが、1963（昭和 38）年の改正により必置制となり、定数 2 人で議員 1 人、識見を有する者 1 人となっている。

監査委員の任期

　監査委員の任期は、識見を有する者のうちから選任される者については 4 年、議員のうちから選任される者にあっては議員の任期によるとされている。

代表監査委員

　監査委員は、本来独任制の執行機関であり、各監査委員が独立して監査業務を遂行することとなっている。職員の任免や庶務事項については、委員一人が代表してこれを行なうことが適当であることから、1963（昭和 38）年の地方自治法の改正により代表監査委員制が導入された。代表監査

委員は識見を有する者のうちから選任される監査委員の1人をもって充てることとなっている。

監査委員の補助組織

都道府県の監査委員には必ず事務局を置くこととされ、事務局長、書記、その他の職員が置かれることとなっている。市町村の監査委員については、条例により事務局を置くことができるが、事務局を置かない市町村には監査委員の事務を補助するため書記その他の職員を置くこととなっている。

(2) 外部監査制度

外部監査制度は、地方分権の推進および適正な予算執行の確保という観点から1997(平成9)年の地方自治法の改正により法定化され、1998(平成10)年から施行されている。適正な予算の執行の確保という観点については、1995(平成7)年頃、一部の自治体で官官接待やカラ出張などの不祥事が発覚し、住民から厳しい批判を受けることになったことを背景としている。この時、自治体の財務のチェック機関として監査委員制度が法定化されているにもかかわらず、不適正な事務処理が行なわれていたことから、自治体の内部組織による監査の限界性が指摘された。外部監査制度は、地方自治体と外部監査契約を締結した監査人が監査を行なうもので、外部監査契約は包括外部監査契約と個別外部監査契約に大別される。外部監査契約を締結できる者は、自治体の財務管理、事業の経営管理その他行政運営に優れた識見を有する者で弁護士、公認会計士などとなっている。

3 監査制度を巡る論議

監査制度については、制度創設時から多くの論議が展開されてきたが、ここでは1990年代末からの論議を紹介したい。まず、1997(平成9)年2月に提出された第25次地方制度調査会の「監査制度の改革に関する答申」において、すでに述べた外部監査制度の導入が提示されるとともに、OB

職員である監査委員の監査について、「身内に甘い」のではないかとの批判もあることからOB職員を選任する場合は1人に限るべきであるとされた。併せて、議員選出委員について、執行機関をチェックするという監査委員の機能に適しているかという意見、監査が形式的になりがちではないかという意見、議員から選任するか否かは当該自治体の判断に委ねるとともに上限を1人とすべきではないかという意見を付記している。また、監査の実施体制について、町村における監査委員の定数を2人とし、監査委員事務局を設置することができることとすべきであり、監査事務局の共同設置の検討や市町村間の人事交流を提言している。同時期、宮元義雄氏は、監査委員の将来について、人口の大小にかかわらず監査委員の常勤化を図ることや、監査委員の独立性の保障のため一定期間の職員のずり上がりの禁止、議会による監査委員の直接選挙、公選、外部監査などを提案した[13]。

　2005（平成17）年12月の第28次地方制度調査会の答申では、監査委員の定数について、法律で一律に定める必要はなく、識見を有する者から選任する監査委員について、自治体の条例でその数を増加することができることとすべきであるとされた。

　2009（平成21）年に設置された第29次地方制度調査会は、不適正な事務処理が一部の自治体で発覚したことから、現行の監査委員制度や外部監査制度が十分に機能していないのではないかという指摘を受け、自治体における監査機能の充実強化について議論がなされた。同調査会は、2009（平成21）年6月に監査委員制度や外部監査制度について見直しを行なうことが必要であるという意見を提出した。自民党から民主党への政権交代後の2010（平成20）年1月に設置された地方行財政検討会議では、地方自治体の監査制度の抜本的な見直しを目指して議論が進められている。

4　監査制度と内部統制

　現代は「内部統制の時代」といわれ、民間企業では会社法や金融商品取引法により内部統制の体制を整備しているものの、地方自治体にとっては

内部統制という言葉すらなじみが少ないのが現状である。町田祥弘氏は内部統制を「企業等の組織内において、業績を適切に進めるための決まりごとを設け、組織の中の人々がそれに基づいて業務を行っていくプロセス[14]」と定義している。

その目的は業務の有効性・効率性、財務報告の信頼性、資産の保全、法令等の遵守であり、内部統制の整備・運用を図ることで自治体にとって最も重要な住民の信頼性の確保に大きく寄与するとされている。このため、総務省では「地方公共団体における内部統制のあり方に関する研究会」を設置し、2009（平成21）年に報告書をとりまとめた。このなかで、自治体内部の組織マネジメント改革を推進する方策として内部統制の構築の重要性が訴えられている。内部統制における監査委員の役割として、内部統制の整備・運用状況について、その適正や効率性・能率性の確保などの観点から評価を行なうこととしている。知事や市町村長により構築される内部統制だけでは十分とはいえず、監査機能による補完が重要であると考えられる。問題の発生を事前にチェックするための内部統制、適正に業務が処理されたかを事後にチェックする機関としての監査組織が車の両輪となって組織マネジメントが有効に機能することが求められる。

5 これからの自治体の監査組織

地方分権の時代にあっては地方自治体に対する住民の信頼が従前にもまして重要となることから、監査機能を強化する方向で監査制度は抜本的な見直しへ向けた議論が展開されている。監査制度を担う監査組織についても、大きな変容が迫られている。ここでは今後の方向性を提示したい。

第1は、監査委員や監査事務局の共同設置である。不適正な事務処理の事案が多くの自治体で発覚するなか、監査委員や監査事務局職員の専門性の向上が求められている。しかしながら、多くの自治体では監査委員の大部分は非常勤であり、事務局職員も首長部局から派遣された職員で、特に町村部ではその数も極めて少ない。監査事務局に3〜4年在籍した後は本籍の首長部局に戻るという人事ローテーションとなっている。このような

状況のもとでは、監査事務局は首長部局から独立性が確保できているか、あるいは監査事務に精通した職員を育成することが可能なのかといった指摘がなされている。このような隘路を打開するため、監査委員や監査事務局の共同設置が考えられる。監査委員の共同設置については、現行制度上可能であるが、事務局の共同設置については規定がないため、制度改正が必要とされた。監査委員や事務局を共同設置する場合は公認会計士、弁護士、税理士など監査の実務に明るい者を選任することも１つの方法であると考えられる。

　第２は、日本版地方自治体監査委員会の創設である。イギリスの自治体の監査制度で特筆すべきは、地方自治体監査委員会（Audit Commission: AC）の存在である。ACは政府機関であるが、勅許会計士や監査法人と連携して自治体の決算書やVFMの監査を行っている。ACの機能は外部監査として位置づけられるが、日本において新たな監査組織を検討するにあたっての参考となるであろう。なお、イギリスでは勅許公共財務会計協会（Chartered Institute of Public Finance and Accountancy: CIPFA）が地方自治体をはじめとする公共部門の財務、会計や監査に関する会計職専門団体として自治体の財務管理や監査に大きく貢献している。CIPFAが認定する勅許公共財務会計士（Chartered Public Finance Accountant: CPFA）は、イギリスの自治体に約5,000名が勤務しており、自治体内部で財務・会計のマネジメント業務に従事している。

　第３は、監査業務の外部化である。大阪府では公共サービスの質の向上と効率化を目指す「大阪版市場化テスト」の一環として監査委員事務局の監査業務を2010（平成22）年から民間開放している。民間開放する監査業務は、環境農林水産部、都市整備部、住宅まちづくり部および水道部に係る事務局監査などのA業務と、総務部および会計局に係る事務局監査などのB業務の２つの業務であり、公募により業務ごとに別々の監査法人が選定され、監査業務を遂行している。このように事務局の監査業務を民間に委託することは現行制度のもとで十分可能であり、大阪府の試みに注目が集まっている。

第5節　コンプライアンス推進組織

「このような事態を二度と引き起こさないよう、コンプライアンスを徹底し、再発防止に万全を期します」という言葉を何度聞いたことだろう。不祥事が発覚するたびに、組織の責任者は記者会見で釈明に追われるが、いつの頃か「コンプライアンスの徹底」が常套句になっている感さえある。地方自治体、政府機関、民間会社を問わずいずれの組織でも、最近のマネジメント上の課題は、コンプライアンスにあるといっても、過言ではない。

一旦不祥事が起きると、民間企業では、消費者の不信を招き、売上は不振に陥る。結果、倒産という最悪の事態も生じかねない。地方自治体では、住民の信頼を取り戻すのに甚大なエネルギーを費やさなければならないし、首長は選挙で住民から手厳しい洗礼を受けることも覚悟しなければならない。国の機関でも同様である。国民から信頼を失った組織は改革を迫られ、場合によっては廃止を迫られる場合もある。たとえば、事務次官が収賄罪で逮捕された防衛省、年金問題の社会保険庁、偽装米を見抜けなかった農林水産省など、最近でもいくつもの例を数えることができる。地方自治体をはじめとした日本の組織は、多くの経験を経ることにより、コンプライアンスの重要性を認識するようになり、その確立へ向けてさまざまな取り組みを開始している。

1　自治体におけるコンプライアンスの背景と意義

(1) 背景

「コンプライアンス」という言葉が使われるようになったのはいつ頃からであろうか。1990年代はあまり聞かれなかったが、2000年代に入ってコンプライアンスの確立に向けての取り組みが、民間企業、公務組織（国の省庁、地方自治体）を問わず、急速に広がってきている。その背景としては、どのようなことがあるだろうか。

これまで自治体は、数多くの不祥事を経験してきた。組織を巻き込んだ

事案としては、1990年代には食糧費や旅費の不適正な支出問題、2000年代に入ると官製談合事件や裏金問題がある。その他、飲酒運転、収賄、公金横領などにより、懲戒処分を受ける者は後を絶たないうえに、個人情報の漏洩など住民の信頼を損なう事件は数知れない。図表4-19は、地方自治体における横領、収賄、詐欺などの汚職事件の発覚件数および関係職員数の推移を総務省の調査をもとに整理したものである。汚職事件の件数については、1997（平成9）年の105件から2006（平成18）年には159件に、関係職員数では、120人から191人に、それぞれ増加している。

　増加率は、いずれも50%を超え、状況の深刻さを示している。2006（平成18）年といえば、福島県、和歌山県および宮崎県の知事や県幹部が、公共工事に関して収賄罪や競売入札妨害罪で相次いで逮捕された年でもある。地方自治体関連の不祥事は、図表4-19に示された「汚職事件」に留まらない。2006（平成18）年には、A県では不正資金（いわゆる裏金）問題で処分された職員は、減給が323人、戒告が570人、訓告が1,613人、

図表4-19　自治体関連の汚職事件の発覚件数および関係職員（当事者）数の推移

区分		1997年	2002年	2006年
件数	都道府県等	22	38	32
	市町村等	78	106	126
	公社等	5	3	1
	計	105	147	159
	指数	100	140	151.4
関係職員	都道府県等	22	45	41
	市町村等	93	115	149
	公社等	5	3	1
	計	120	163	191
	指数	100	135.8	159.2

（出所）　総務省『地方公共団体等における汚職事件に関する調』2007年をもとに筆者が作成。
（注）
「汚職」：私利私欲のために職に関して不正をなすことをいうものであること。
「発覚」：公選される職（首長、議員等）にある者については、起訴された場合、それ以外の特別職および一般職については、地方自治体においてその事実を確認した場合、又は事実を確認していないが起訴された場合をいうものであること。
「公社等」：土地開発公社、住宅供給公社および職員共済組合等が含まれる。

厳重注意が1,822人に及んでいる。また、同年にB県では物品調達に関する不適正な事務処理問題に絡んで、停職6人、減給8人、戒告98人、文書訓告339人、厳重注意110人の処分を行っている。このように次から次に発生する不祥事に住民からの行政に対する信頼は失墜するばかりであり、信頼回復の第一歩として自治体におけるコンプライアンスの確保が強く求められているのである。

(2) コンプライアンスの意義

コンプライアンスとは、一般に「法令の遵守」と訳されているが、これは狭義のコンプライアンスである。ルールを守ることはもちろん、ルールの目的や趣旨を尊重し、それに合致した行動をすること、すなわち広義のコンプライアンスが、現在求められている。自治体においては、自分の属している組織の使命を十分に認識し、どのような場面においても、その使命を達成するために全力を尽くすことが、コンプライアンスに繋がるのではないだろうか。また、コンプライアンスの徹底といっても一朝一夕で成し遂げられるものではなく、その組織に長年培われた「風土」や「文化」を変えることが何よりも重要である。

2 民間企業におけるコンプライアンスの取り組み

民間企業においては、食品の偽装問題やインサイダー取引問題などの消費者や国民の信頼を損なう事件が続発しており、企業の存立を左右しかねないケースも生じている。このため、多くの企業では、早い時期からコンプライアンス推進体制の確立や社員行動規範の制定などの取り組みを行っている。たとえば、東証一部上場企業のセキュリティ関連会社であるA社は、第三者からの不法・不正行為から顧客の生命・財産を守るセキュリティ事業を成立させるためには、日本国憲法や関係法規に従うだけでなく法の精神をも遵守することであると認識してきた。このため、創業以来コンプライアンスを最重視した組織運営を行い、社員行動規範の制定、コンプライアンスに関する推進運用管理体制の確立、ほっとヘルプラインの設

置、組織風土委員会の創設などコンプライアンス確立へ向けた取り組みを行っている。

3　自治体におけるコンプライアンスの取り組み

(1)　公益通報者保護法への対応

　2004（平成16）年6月に公益通報者保護法が制定され、公益のために通報した者が不利益を受けないように保護する仕組みが整備され、国、地方自治体、民間企業などでは内部の労働者からの通報を受ける窓口を設置することとされた。この窓口は一般に「ヘルプライン」と呼ばれている。

　内閣府の調査では、自治体におけるヘルプラインの設置状況は、2008（平成20）年3月時点で都道府県では100％となっているが、市区町村については、全体では約36％、市・区では約52％であるものの、町では23％、村では約14％にとどまっている。また、ヘルプラインを設置している自治体の内、弁護士事務所など外部に設置している割合は、都道府県において55％、市区町村では11％となっている。なお、公益通報者保護法では、自治体が処分権限を有する行政機関として外部の労働者からの公益通報の窓口にも位置づけていることにも留意する必要である。

(2)　コンプライアンスに関する条例の制定

　自治体のコンプライアンス確保に向けた取り組みの代表的なものは、コンプライアンスに関する条例の制定およびその運用である。山口道昭氏は、公益通報型と（不当）要求行為対応型の2つの類型に分けており、この分類に従い指定都市、中核市および特例市の状況を中心に紹介したい[15]。

　第1の類型である公益通報型は、さらに公益通報者保護法対応型と公益通報者保護法拡張型に分けられるが、前者については、すでに(1)に述べた国法への対応であり現実には存在しない。後者は、公益通報者保護法では、法令違反として通報の対象となる「法令」を列挙しているが、対象「法令」の範囲を自治体の条例で拡張しようとするものである。具体的には、新潟市などで制定されている。

第2の類型である（不当）要求行為対応型は、行政対象暴力対応型と有力者口利き対応型に分類される。前者は、暴力団等からの不当な要求に対し、組織としてどのように対応すべきかを明らかにしたものであり、後者は、違法、不当な手段を用いるか否かにかかわらず、公職者などの有力者による働きかけに対し職員がとるべき対応を定めたものである。具体的には、奈良市、京都市、豊田市（愛知県）、枚方市（大阪府）などで制定されている。

　また、第1の類型と第2の類型の複合型が、大阪市、神戸市、呉市（広島県）などの条例である。これらの自治体の多くは、官製談合事件、収賄事件といった不祥事を契機としてコンプライアンスに関する条例を制定したが、一般予防として制定した自治体も少なからずある。一方、議会の議決を必要とする条例の制定ではなく、首長が決裁する規則や要綱の制定という方法によりコンプライアンスに関する自治体の方針を定めているところもあるが、これについて、山口道昭氏は、「立法事実をフローとしてとらえれば、これが臨界点を超えたときに条例が制定される[16]」としている。

4　自治体におけるコンプライアンス推進組織

　コンプライアンスに関する専任組織を設置している自治体は、図表4-20のとおり都道府県で4都県（8.5％）、指定都市で7市（41.2％）、中核市で2市（5.1％）、特例市で0となっている。指定都市では4割以上が専任組織を設置しているものの、全体として1割に満たない状況である。図表4-20において行政監察組織も幅広くコンプライアンス組織として位置づけたが、「コンプライアンス」や「職務公正」、「法令遵守」の名称を付したところは、横浜市、千葉市、岡山市など極めて少数である。現在のところ、地方自治体においては、公益通報等コンプライアンスについての業務は、主に人事担当課で担われており、専任組織の設置までには至っていないのが実情といえる。

　コンプライアンス推進組織における特徴は、その位置づけの多様性である。コンプライアンス推進組織は、「室」が13自治体中8、「課」が2市、

「部」および「監」がそれぞれ1市である。同じ「室」という名称であるが、和歌山県では他の部と独立した知事直属の組織である。これに対して、名古屋市、京都市、神戸市、福岡市では課と同レベル（課並み室）、千葉市では課内室である。鳥取県の行政監察室は、知事直属の行政査察監に属しており、東京都の行政監査室は、局と課の中間に位置する部相当の「室」である。奈良市の法令遵守監察監は、市長直属の部長級のポストである。

総じていえば、コンプライアンス推進組織は、その業務の特殊性から通常の課よりも位置づけが高く、機動性に富むように設計されているのではないかと考えられる。また、コンプライアンス推進組織のトップには、徳島県や岡山市のように弁護士や警察本部からの出向者が配置されていることも特徴となっている。

図表4-20　コンプライアンス推進の専任組織の設置状況（2008年）

区　分	自治体名	部局名	課等名
都道府県	東京都	総務局	行政監査室
	和歌山県		監察査察室
	鳥取県	（行政監察監）	行政監察室
	徳島県	監察統轄監	監察局
指定都市	千葉市	総務局総務部	（人事課）職務公正推進室
	横浜市	行政運営推進局	コンプライアンス推進課
	名古屋市	総務局職員部	監察室
	京都市	総務局	監察室
	大阪市	情報公開室	監察部
	神戸市	行財政局行政監察部	コンプライアンス推進室
	福岡市	総務企画局人事部	行政監察室
中核市	奈良市		法令遵守監察監
	岡山市	総務局	行政執行適正化推進課

（出所）各自治体の行政機構図をもとに筆者が作成。

Case 1　局長級を配置したコンプライアンス推進室＝横浜市

　横浜市では、2004（平成16）年の組織改正により行政運営調整局内に市政の透明性・公平性を確保して行政の信頼性を高めるため、不正防止内部通報制度や行政監察制度を所管する「職務公正調査課」を設置した。その後、同市では、2006（平成18）年12月に「横浜市職員の公正な職務の執行及び適正な行政運営の確保に関する規則」を制定し、同時に職務公正調査課を改組し、コンプライアンス推進課を発足させた。同課の分掌事務は、図表4-21のとおりであり、局長級のコンプライアンス推進室長が同課を指揮監督している。

図表4-21　横浜市行政運営調整局コンプライアンス推進課の分掌事務（2008年）

1　職員の公正に関する調査及び調整に関すること
2　不正防止内部通報制度に関すること
3　要望記録・公表制度に関すること
4　内部監察に関すること
5　職員の服務（人材組織部及び人事組織課の主管に属するものを除く。）に関すること
6　コンプライアンス委員会に関すること

（出所）　横浜市事務分掌規則

Case 2　行政執行適正化推進課に警察本部からの出向者を配置＝岡山市

　岡山市では、2000（平成12）年度から2002（平成14）年度にかけて不当要求による小規模工事問題[17]が明らかになった。そこで、公正な行政執行の推進のための法令遵守体制の構築の取り組みとして、2004（平成16）年4月に総務局内に行政執行適正化推進課を発足させた。同課の業務は、原課が業務を適正に執行できるよう相談・支援を行なうことであり、いわばコーチのような役割を担うと説明されており、具体的な事務分掌は図表4-22のとおりである。また、職員構成は、図表4-23のとおり岡山県警察本部からの出向者1名、警察OB1名、市職員2名の計4名となっている。

第4章　トップ・マネジメントの強化　93

図表 4-22　岡山市総務部行政執行適正化推進課の分掌事務（2008 年）

1　公正な行政執行の推進並びに法令遵守体制の確立に係る企画及び総合調整に関すること
2　不当要求行為等に対する対策に係る総合調整及び対応支援に関すること
3　岡山市行政執行適正化推進委員会及び部会に関すること
4　適正な行政執行についての職員からの相談に関すること
5　行政執行適正化に係る職員研修に関すること
6　公益通報者保護制度に関すること
7　関係機関・団体との連絡調整に関すること

（出所）　岡山市事務分掌規則

図表 4-23　岡山市総務部行政執行適正化推進課の職員構成（2008 年）

区分	職名	身分	備考
専務	課長	警察から出向	◇16～17 年度は、プロパー職員が課長をつとめた。 ◇警察からの出向者は、2 年任期。
	嘱託員	警察 OB	◇16～17 年度は、警察からの出向者が「調整主幹」の職。 ◇16～17 年度は、警察からの出向者が「課長補佐」の職。 ◇20 年度は定員 1 名減となったことから、「嘱託員」を補充配置し、現員は 4 名。
	主任	プロパー職員	◇18 年度から、主任を配置。
	主事	プロパー職員	◇16 年度発足当時から配置。
兼務	課長補佐	警察から出向	◇本務～交通政策課 ◇原則 2 年任期。産廃課の出向者と交互異動
	課長補佐	警察から出向	◇本務～産業廃棄物対策課 ◇原則 2 年任期。交政課の出向者と交互異動

（出所）　根岸健二「岡山市における行政執行適正化の推進について」『コンプライアンスと行政運営』（財）日本都市センター、2008 年、32 頁。

【注】

(1) ポール・E・ホールデン著 岸上英吉訳『トップ・マネジメント』ダイヤモンド社、1951年、3-4頁。
(2) （財）日本都市センター編『市役所事務機構の合理化』（財）日本都市センター、1966年、179頁。
(3) （財）日本都市センター編『市役所事務機構の合理化』（財）日本都市センター、1966年、203頁。
(4) 牧原 出「計画・調整」森田 朗編『行政学の基礎』岩波書店、1998年、143頁。
(5) 久世公堯・松本英昭『地方自治法 演習』第一法規、1977年。
(6) 辻 琢也「分権改革と仕事の再編」大森 彌編『地方分権推進と自治体職員』ぎょうせい、1998年、358-360頁。
(7) 都政研究編集部「繰り返す中枢機能組織の改編」『都政研究』33巻1号、2000年、10-14頁。
(8) 地方財務制度研究会編著『詳解地方財務事務』第一法規、1974年、176頁。なお、府県制では、第76条に次のとおり規定していた。「府県ニ府県出納吏ヲ置キ官吏及第77条ノ2ノ吏員ノ中ニ就キ府県知事之ヲ命ス」
(9) 地方財務制度研究会編著『詳解地方財務事務』第一法規、1974年、202頁。
(10) 宮元義雄『地方財務会計制度の改革と問題点』学陽書房、1963年、307頁。
(11) A県では、出納員として任命された職員は165人であるが、その内出先機関職員は155人と全体の93.9％を占めている。
(12) （財）日本都市センター『分権型社会の都市行政と組織改革』（財）日本都市センター、1999年、61頁。
(13) 宮元義雄『地方自治体の監査委員』学陽書房、1984年、207-212頁。
(14) 町田祥弘『内部統制の知識』日本経済新聞出版社、2007年、13頁。
(15) 地方自治体のコンプライアンスに関する条例の類型については、山口道昭「政策法務の観点からみた自治体コンプライアンス」（自治体学会編『自治体のコンプライアンス』第一法規、2008年、74-101頁）を参考とした。
(16) 山口道昭「政策法務の観点からみた自治体コンプライアンス」自治体学会編『自治体のコンプライアンス』第一法規、2008年、97頁。
(17) 「小規模工事問題」とは、本来入札により発注すべき工事を分割して、随意契約を行って、過大支出したこと等をいう。（根岸健二「岡山市における行政執行適正化の推進について」『コンプライアンスと行政運営』（財）日本都市センター、2008年、29頁）

第5章
ボーダレス化

第1節　首長と教育委員会

　2008（平成20）年に発生した大分県の教員採用を巡る汚職事件において、指摘されたことの1つに合議制である教育委員会の形骸化がある。すなわち、教育委員は、事務局の行った不正な事務を何らチェックできなかったのではないかというものである。教育委員会のあり方については、これまで中央教育審議会等でも繰り返し論議されてきたが、近年都道府県知事や市町村長との関係で論じられることが多くなっている。いうまでもなく教育委員会は、首長とは独立した行政委員会であり、法律で教育委員会と首長の権限は明瞭に区別されている。社会経済情勢の変化のなかで、そのような役割分担に疑問の声をあげる首長たちが登場するようになっている[1]。

　首長たちにとって住民に最も身近な教育問題を選挙の際の公約やマニフェストに盛り込み、政策が住民からの支持を受け、自治体の舵取りをまかされたところまではよい。いざ、政策の実行の段階になって教育行政は、教育委員会の所管であり、首長に権限がないことを知り、愕然とすることであろう。たとえば、文化振興やスポーツ振興は、社会教育として位置づけられ、都道府県や市町村の教育委員会が担ってきた。これらは、まちづくりやひとづくりなどの政策にとって欠かすことのできないものであり、首長たちは、自らのリーダーシップのもとで推進すべきと主張している。その他学校教育分野でも、大阪府の橋下知事が、全国学力テストの公開を巡り、教育委員会のあり方について一石を投じたことは記憶に新しい。

本節では、まず教育委員会制度を概観し、次いで首長と教育委員会の役割についての議論の動向を検証する。そして、首長部局と教育委員会との垣根がどのように低くなりつつあるのか、全国の先進的な状況を考察する。

1 教育委員会と首長の役割

(1) 教育委員会制度

　教育委員会制度は、第2次世界大戦後、教育行政の政治からの独立と教育の民主化を図ることを目的として導入されたものである。教育委員会は、すべての自治体に設置が義務づけられている必置機関であり、5人の委員（任期4年）をもって組織されている。ただし、都道府県又は指定都市の教育委員会では、条例により6人の委員、町村の教育委員会では、3人の委員をもって組織することができるとされている。教育委員は、導入初期は住民から直接選挙で選ばれていたが、1956（昭和31）年に制定された「地方教育行政の組織及び運営に関する法律」（地方教育行政法）により、公選制から議会の同意を得て首長が任命するように変更された。

　しかしながら、国の関与により教育委員会の独立性が後退、あるいは、教育行政に民意が反映される工夫が必要であるといった議論が展開され、中野区（東京都）では、教育委員の準公選制（住民投票によって教育委員の候補者を選定し、それを首長が尊重する方式）が実施された。

　教育委員会には、教育委員の中から任命された教育長が置かれている。教育長は、教育委員会のすべての会議に出席し、議事について助言するとともに、教育委員会の事務を統括し、所属の職員を指揮監督するなど実質的に強い権限が与えられ、その役割は大きい。

(2) 教育委員会と首長の職務権限

　教育委員会の事務については、地方教育行政法により、図表5-1に示すとおり首長の職務権限と明確に区分されている。これらは、地方教育行政法制定以前は、教育委員会の「事務」と規定されていたが、同法のもとで「職務権限」に改められたものである。教員委員会は、その権限を直接執

行するのではなく、教育長が行なう具体的な事務処理を指揮監督するにとどまるものである。

図表5-1 教育委員会と首長の主な職務権限

教育委員会の職務権限
① 教育委員会の所管に属する学校その他の教育機関の設置、管理及び廃止に関すること。
② 教育財産の管理に関すること。
③ 教育委員会及び学校その他の教育機関の職員の任免その他の人事に関すること。
④ 学齢生徒及び学齢児童の就学並びに生徒、児童及び幼児の入学、転学及び退学に関すること。
⑤ 学校の組織編制、教育課程、学習指導、生徒指導及び職業指導に関すること。
⑥ 教科書その他の教材の取扱いに関すること。
⑦ 校舎その他の施設及び教具その他の設備の整備に関すること。
⑧ 校長、教員その他の教育関係職員の研修に関すること。
⑨ 校長、教員その他の教育関係職員並びに生徒、児童及び幼児の保健、安全、厚生及び福利に関すること。
⑩ 学校その他の教育機関の環境衛生に関すること。
⑪ 学校給食に関すること。
⑫ 青少年教育、女性教育及び公民館の事業その他社会教育に関すること。
⑬ スポーツに関すること。
⑭ 文化財の保護に関すること。
⑮ ユネスコ活動に関すること。
⑯ 教育に関する法人に関すること。
⑰ 教育に関する調査及び基幹統計その他の統計に関すること。
⑱ 所掌事務に係る広報及び所掌事務に係る教育行政に関する相談に関すること。
⑲ その他当該地方公共団体の区域内における教育に関する事務に関すること。

首長の職務権限
① 大学に関すること。
② 私立学校に関すること。
③ 教育財産を取得し、及び処分すること。
④ 教育委員会に所掌に係る事項に関する契約を結ぶこと。
⑤ 教育委員会の所掌に係る事項に関する予算を執行すること。

(出所) 地方教育行政法第23条及び第24条

2 地方自治体と教育行政

(1) 地方自治体と社会教育行政

　地方自治体では、文化、スポーツや生涯学習の事務について、前項(2)で述べたように地方教育行政法に教育委員会と首長との役割分担が規定されているものの、首長が積極的に関与しようとする動きが、2000年前後から地方分権の進展と呼応するかのように活発化してきた。

　地域における文化やスポーツ行政は、従来、社会教育の一環として教育委員会を中心に取り組まれてきた。社会教育行政については、その対象は青少年から成人まで、関連施設も公民館、図書館、博物館、青年の家などと幅広く、首長部局の施策と重複する部分も少なからずあった。社会教育行政に関する法律は、社会教育法、図書館法、博物館法、スポーツ振興法などであるが、このうち社会教育法は1949（昭和24）年に制定され、社会教育の基本法ともいうべきもので、主に社会教育行政、社会教育関係団体、公民館についての規定が盛り込まれ、同法を中心に戦後の社会教育行政は推進されてきた。

　1990（平成2）年に「生涯学習の振興のための施策の推進体制等の整備に関する法律」（生涯学習振興法）が制定され、生涯学習という行政分野がはじまった。生涯学習は、社会教育等と密接な関係を有し、相互の連携が求められているものの、異なる分野として位置づけられている。生涯学習振興法の制定は社会教育行政に影響を与えたと考えられ、佐藤晴雄氏は、次のように論述している[2]。

- ○　生涯学習政策の進展に伴って、社会教育行政は近年、そのアイデンティティを失いつつある。
- ○　社会教育は臨教審以降の生涯学習政策のなかで拡散し、改革の度に生涯学習関連行政に飲み込まれ、その独自性を見失う状況に置かれてきている。
- ○　戦後、ほとんどの教育委員会に設置された社会教育課・係は、臨教審答申以後、文部省社会教育局が生涯学習局に改編されたのを契機として、生涯学習課・係に改組された。

ここでは生涯学習振興法に規定されている生涯学習推進組織の庶務担当を首長部局に置く自治体もあり、生涯学習が必ずしも教育委員会の専管事項として認識されなくなっていることに留意すべきである。

(2) 地方分権改革と教育行政

1999（平成11）年に地方分権一括法が制定され、社会教育関係法律も大きく改正された。具体的には、社会教育法では社会教育委員の選出枠組みの弾力化や公民館運営審議会の任意設置化が図られるとともに、図書館法では公立図書館長の司書有資格要件の撤廃や館長および司書等の専任制の廃止が盛り込まれた。博物館法では公立博物館の学芸員の配置定数規定が撤廃された。

1953（昭和28）年に制定された青年学級振興法は、法律自体が廃止された。青年学級は、後期中等教育の補完的役割を果たすために設置されていたが、高校の進学率が9割を超え、本来の役割を終えたものと判断されたものである。この時期、教育行政の改革について、自治体の独自の取り組みも少しずつではあるが、見られるようになった。2000（平成12）年に三春町（福島県）は全国ではじめて教育長を公募で選出し、大分市では教育長の選任にあたっては市長の意見を求めるとの条例を制定した。2001（平成13）年には、出雲市（島根県）では文部省のキャリア官僚出身の市長のリーダーシップのもと教育委員会事務局の生涯学習部局を市長部局に移管した[3]。

一方、2001（平成13）年に発足した政府の地方分権改革推進会議においても、「教育委員会の必置規制の弾力化」について、議論が交わされた。同会議が内閣総理大臣に提出した「地方公共団体の行財政改革の推進等行政体制の整備についての意見」のなかで「生涯学習・社会教育行政の一元化、幼保担当部局の一元化の観点から、地方公共団体がこれらの担当部局を自由に選択・調整できるようにすることが必要である」と提言した。このようななかで、文部科学大臣は2004（平成16）年3月に中央教育審議会に地方分権時代における教育委員会の在り方について諮問し、同審議会の教育制度分科会地方教育行政部会は2005（平成17）年1月に「部会ま

とめ」を発表した。部会まとめでは、まず、学校教育および社会教育に関する事務は、引き続き教育委員会が担当するものとして存置すべきであるとした。

　文化財保護に関する事務は、引き続き教育委員会の担当することを基本としつつ、文化財を積極的に活用した地域づくりを進める場合には、自治体の判断により首長が担当することを選択できるようにすることを検討すべきであるとした。文化、スポーツに関する事務については、地方自治体の実情や行政分野の性格に応じ、自治体の判断により首長が担当することを選択できるようにすることを検討すべきであるとした。

　また、幼児教育に関する事務については、公立・私立の幼稚園、保育所を通じ、義務教育との接続も視野に入れた総合的・体系的な施策を展開するうえで、市町村教育委員会が積極的な役割を果たしていくことを検討すべきであるとした。この部会まとめを踏まえ、2007（平成19）年に地方教育行政法が改正され、スポーツおよび文化に関することについては、条例の定めるところにより、首長が事務を執行することができることとなり、2008（平成20）年4月から施行されている[4]。

　なお、地方6団体のなかでも、全国市長会は、2005（平成17）年9月に発表した「義務教育における地方分権の推進に関する基本的考え方」のなかで、教育委員会の選択制の導入や生涯学習等の事務の市長部局への移管を提言している。

3　首長部局における文化・スポーツ行政の展開

　すでに述べたような先進的な自治体の取り組みや国の動きのなかで、教育委員会と首長部局の垣根は低くなりつつある。本来、教育委員会の職務権限とされている事務を首長部局で担当する自治体は増加しつつある。都道府県、指定都市、中核市および特例市における状況は、図表5-2のとおりである。

　首長部局で文化行政やスポーツ行政等教育関連業務を実施している自治体は、114（78.1％）にのぼり、都道府県で42都府県（89.4％）、指定都市

図表 5-2　首長部局における教育関連組織（2008年）

(1) 教育関連業務の担当組織の設置状況と所管部局

区分	首長部局で教育関連業務の担当組織を有する自治体		所管部局							
			企画部門		文化・スポーツ部門		市（県）民・生活部門		その他	
	自治体数	割合(%)	自治体数	割合(%)	自治体数	割合(%)	自治体数	割合(%)	自治体数	割合(%)
都道府県	42	89.4	8	19.0	13	31.0	17	40.5	4	9.5
指定都市	17	100.0	3	17.6	7	41.2	7	41.2	2	11.8
中核市	25	64.1	6	24.0	6	24.0	12	48.0	3	12.0
特例市	30	69.8	10	33.3	6	20.0	11	36.7	5	16.7
計	114	78.1	27	23.7	32	28.1	47	41.2	14	12.3

(2) 首長部局の教育関連組織の所管業務

区分	所管業務							
	文化振興		文化財		スポーツ振興		生涯学習	
	自治体数	割合(%)	自治体数	割合(%)	自治体数	割合(%)	自治体数	割合(%)
都道府県	42	100.0	0	0.0	9	21.4	5	11.9
指定都市	17	100.0	7	41.2	13	76.5	4	23.5
中核市	24	96.0	2	8.0	10	40.0	6	24.0
特例市	30	100.0	0	0.0	6	20.0	6	20.0
計	113	99.1	9	7.9	38	33.3	21	18.4

(出所)　各自治体の行政機構図などをもとに筆者が作成。
(注)　首長部局における教育関連組織を2以上設置している自治体があり、所管部局も複数にわたることから、(1)において合計が一致していない。所管業務について、1つの組織で複数の業務を所管していることがあるので、(2)の合計と(1)とは一致していない。

で全市、中核市で25市（64.1%）、特例市で30市（69.8）となっている。その所管部局は、市民生活部（八戸市、つくば市、太田市）など市（県）民・生活部門が47（41.2%）、文化・スポーツ振興部（長崎県）など文化・スポー

ツ部門が32（28.1％）、総合政策部（松山市）など企画部門が27（23.7％）、その他が14（12.3％）となっている。その他としては、地域振興部（奈良県、熊本県、枚方市、加古川市）、交流推進局（姫路市）、都市産業活力部（宝塚市）などである。また、文化・スポーツ部門には、生活文化部のようにその名称に「文化」や「スポーツ」を取り込んだところをカウントしたところであるが、全体の3割近くを占めている。

　所管業務については、首長部局で教育関連業務の担当組織を設置している114自治体のなかで、実に113（99.1％）が文化振興業務を所管している。次いで、スポーツ振興業務は38（33.3％）、生涯学習業務は21（18.4％）、文化財業務は9（7.9％）となっている。自治体に文化所管部局が設置されたのは、1958（昭和33）年の京都市観光文化局が最初であるといわれ、大阪府、兵庫県、埼玉県、神奈川県が相次いで1950年代終わりから1970年代にかけて文化課、文化振興課を設置した。これらの組織は、教育委員会に設置するもの、首長部局に設置するもの、各自治体により対応は異なっていたが、次第に首長部局に置かれるようになった。背景として、この時期「文化行政」の重要性が認識され、政策課題として文化振興が浮上してきたことが考えられる[5]。

　社会教育施設として代表的な施設である公民館について、堺市、福岡市、八戸市などで市長部局が所管し、同様に図書館については、三重県、浜松市、奈良市などで首長部局が所管している。

|Case 1|　**都道府県ではじめての文化・スポーツの専任部を設置＝長崎県**

　長崎県では、2006（平成18）年の組織改正で文化・スポーツ振興部を新設した。同部は、県民生活環境部から文化振興室、教育委員会から体育保健課の一部と国体準備室をそれぞれ移管して、文化振興課、文化施設整備室、県民スポーツ課、国体準備室の2課2室で発足した。その後、国体準備室は国体準備課となり、体制が強化されたが、基本的な構成は変わらずに現在に至っている。都道府県において、文化・スポーツ振興部門の専任部を設けているところは、現在のところ長崎県のみである。また、県民スポーツ課は、生涯スポーツの振興やV・ファーレン長崎の支援を担当

し、教育委員会は、総合体育館、県営野球場、武道館などの体育施設を所管するなどの役割分担を図っている。

図表 5-3　長崎県文化・スポーツ振興部の組織構成（2008 年）

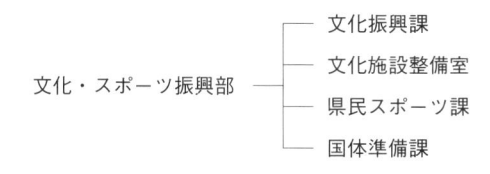

```
文化・スポーツ振興部 ─┬─ 文化振興課
                    ├─ 文化施設整備室
                    ├─ 県民スポーツ課
                    └─ 国体準備課
```

Case 2　図書館、博物館および美術館を市長部局に移管＝浜松市

浜松市では、2007（平成 19）年 4 月の指定都市移行に伴う組織改正により、それまで教育委員会が所管していたスポーツ行政や生涯学習部門を図書館、博物館や美術館も含めて生活文化部に、青少年行政をこども家庭部に移管した。この組織改正のねらいは、多様化する住民ニーズに応えるとともに地域社会の課題解決の活動の支援を行なうためであり、組織構成は、図表 5-4 のとおりとなっている。

図表 5-4　浜松市生活文化部の組織構成（2008 年）

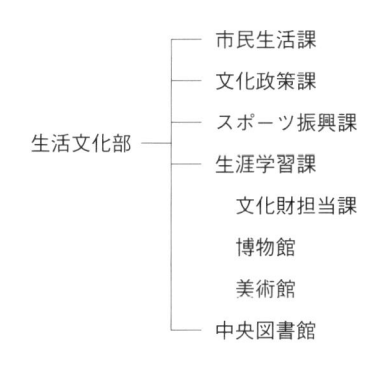

```
生活文化部 ─┬─ 市民生活課
          ├─ 文化政策課
          ├─ スポーツ振興課
          ├─ 生涯学習課
          │    文化財担当課
          │    博物館
          │    美術館
          └─ 中央図書館
```

Case 3　文化財行政も含めて市長部局に移管＝新潟市

　新潟市は、2001（平成 13）年から 2005（平成 17）年にかけて合計 3 回にわたり周辺の 14 市町村と合併（いずれも編入合併）し、人口 80 万人を擁する本州の日本海沿岸随一の大都市となり、2007（平成 19）年 4 月には浜松市とともに、全国で 16 番目の指定都市に移行した。同時に、大規模な組織改正を行い、「文化スポーツ部」を設置した。同部は、それまでの総務局国際文化部の文化部門（文化振興課、歴史文化課）と教育委員会生涯学習部の体育課を統合したものである。発足時には国体推進課が部内に設置されていたが、同課は翌年に 2009（平成 21）年の国体開催を控え国体推進部に拡充された。

　同市の特徴は、文化スポーツ部で文化振興のみならず文化財に関する業務も所管していることであるが、このような例は、全国的に見ても数少なく、同市の総合計画のなかで「文化・スポーツ都市の実現」するための施策として、「歴史・文化遺産の継承と発信」を位置づけており、政策と組織を一致させるため、市長部局と教育委員会の壁を取り払った取り組みとして、注目すべきであろう。また、美術館や埋蔵文化財センターなどの施設も同部が管轄している。

図表 5-5　新潟市文化スポーツ部の組織構成（2008 年）

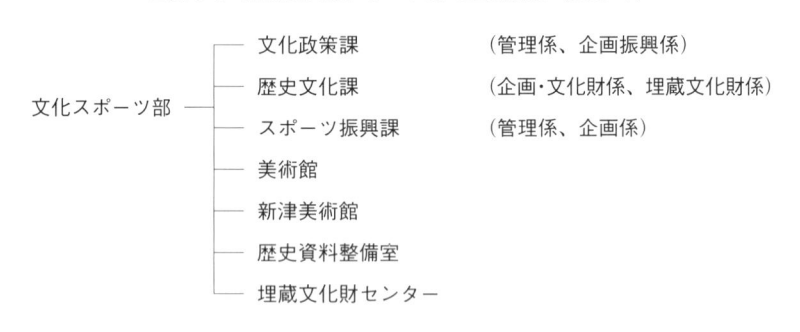

文化スポーツ部
├── 文化政策課　　　　（管理係、企画振興係）
├── 歴史文化課　　　　（企画・文化財係、埋蔵文化財係）
├── スポーツ振興課　　（管理係、企画係）
├── 美術館
├── 新津美術館
├── 歴史資料整備室
└── 埋蔵文化財センター

Case 4　**市民活動部が文化振興、スポーツ振興を担当＝奈良市**

　奈良市は、2008（平成20）年に組織改正を行い、「市民活動部」を新設した。同部は、企画部の市民参画課、市民生活部の地域活動推進課および人権文化推進室、観光経済部文化国際課の文化振興部門、教育委員会の生涯学習課、スポーツ課および図書館を統合したものである。同部は、美術館や文化ホールなどの文化施設のほか、図書館、公民館などの社会教育の中核的な施設も所管しており、教育委員会では、学校教育をはじめ文化財、青少年に関する業務を担っている。

図表 5-6　奈良市市民活動部の組織構成（2008年）

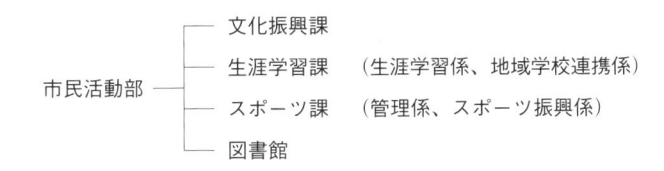

```
              ┌── 文化振興課
              ├── 生涯学習課　（生涯学習係、地域学校連携係）
市民活動部 ──┤
              ├── スポーツ課　（管理係、スポーツ振興係）
              └── 図書館
```

Case 5　**教育委員会と首長部局の融合の先駆け＝出雲市（島根県）**

　出雲市では、2001（平成13）年4月の組織改正によりに生涯学習・文化・スポーツの部門を市長部局で所管することとなった。従来、文化振興部門を首長部局で所掌する例は存在したが、教育委員会から学校教育以外の業務を一気に移管した例は非常にめずらしい。出雲市のこの動きは、全国市長会による「学校教育と地域社会の連携強化に関する意見」の提出につながり、先の文部科学大臣の中央教育審議会への諮問に至ったもので、全国の先駆けにもなった。しかし、周辺の町村と合併した2005（平成17）年4月には、図書館の所管を教育委員会に戻している。

図表 5-7　出雲市文化企画部の組織構成（2001 年および 2008 年）

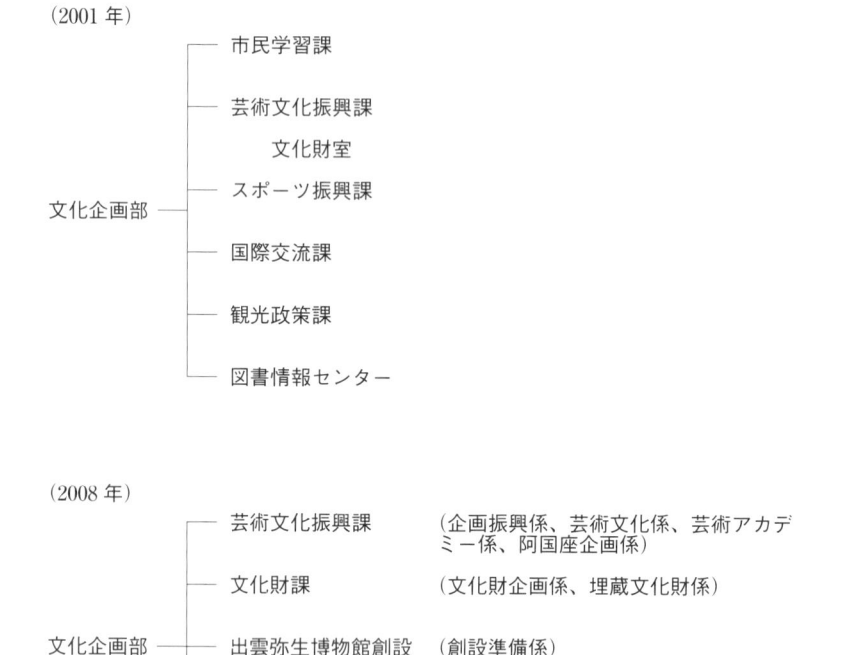

(2001 年)

文化企画部
├─ 市民学習課
├─ 芸術文化振興課
│　　　文化財室
├─ スポーツ振興課
├─ 国際交流課
├─ 観光政策課
└─ 図書情報センター

(2008 年)

文化企画部
├─ 芸術文化振興課　　（企画振興係、芸術文化係、芸術アカデミー係、阿国座企画係）
├─ 文化財課　　　　　（文化財企画係、埋蔵文化財係）
├─ 出雲弥生博物館創設準備室　（創設準備係）
├─ スポーツ振興課　　（総務企画係、育成・指導係、プロジェクト推進係）
└─ 国際交流課　　　　（国際交流係）

第 2 節　幼保一元化組織

　少子化対策において、子育て環境の整備の観点から保育所や幼稚園に代表される保育サービスの充実は極めて重要なものとして位置づけられている。しかしながら、保育サービスの提供の場である保育所と幼稚園については、その一元化を巡って長い間議論されてきた。最近では、地方分権や

規制改革に関する国の審議会での議論を経て「認定保育園」という新しい総合施設が誕生した。これまでの議論の基底にあるのは、保育所については厚生労働省、幼稚園については文部科学省の所管という国の省庁の縦割りである。

その結果、保育所と幼稚園は、その性格や対象児童など多くの点で異なり、つい最近まで交わることはなかった。一方、地方自治体は保育所や幼稚園の設置主体となることもあれば、これらの施設を設置しようとする民間法人に対して認可権や監督権限を有するなど、国以上に密接に関係する。特に、基礎自治体である市町村は、住民の切実な要望や声に直接対応する立場にある。このため、多くの自治体は保育所制度・幼稚園制度について、抜本的な見直しを求め、一部の自治体は、幼保一元化へ向けて独自の取り組みを展開してきた。

1 保育所・幼稚園と地方自治体

(1) 保育所・幼稚園の現状

2007（平成19）年時点での保育所・幼稚園の数は、図表5-8のとおり保育所が22,838であるのに対し、幼稚園は13,723となっている。これを設立・運営主体別に見ると保育所では公営が11,240（49.2％）、私営が11,598（50.8％）と私営が公営を上回っている。幼稚園では国公立が5,431（39.6％）、私立が8,292（60.4％）と私立が国公立の1.5倍となっている。また、在所（園）児数については、保育所213万人（公営：95万人、私営：118万人）に対し、幼稚園171万人（国公立：34万人、私立：137万人）となっており、保育所の割合が高くなっている。保育所は、幼稚園に比べ「私」よりも「公」の比重が高かったが、徐々に「私」のウエイトが高まりつつあるといえる。

図表5-8　保育所と幼稚園の現状（2007年）

区　分	保育所 施設数 実数	保育所 施設数 割合(%)	保育所 在所児数 実数	保育所 在所児数 割合(%)	幼稚園 園数 実数	幼稚園 園数 割合(%)	幼稚園 在園児数 実数	幼稚園 在園児数 割合(%)
総　数	22,838	100	2,132,651	100	13,723	100	1,705,402	100
公営・国公立	11,240	49.2	954,515	44.8	5,431	39.6	337,679	19.8
国	0	0.0			49	0.4	6,457	0.4
都道府県	2	0.0			4	0.0	244	0.0
指定都市	1,049	4.6			332	2.4	39,302	2.3
中核市	874	3.8			5,046	36.8	291,676	17.1
その他の市町村	9,315	40.8						
私営・私立	11,598	50.8	1,178,136	55.2	8,292	60.4	1,367,723	80.2

（出所）　保育所については、厚生労働省『平成19年社会福祉施設等調査』（2007年10月1日現在）、幼稚園については、文部科学省『学校基本調査』（2007年5月1日現在）をもとに筆者が作成。

(2) 保育所制度と幼稚園制度の比較

　保育所と幼稚園は、ともに幼児の保育・教育施設でありながら、保育所は「保育に欠ける」乳幼児を対象とした「児童福祉施設」であり、幼稚園は3歳以上の幼児を対象とした「教育施設」である。根拠となる法律は、保育所が「児童福祉法」であるのに対し、幼稚園は「学校教育法」である。それぞれの法律には、施設の性格、位置づけ等が規定してあり、これにより両者に多くの点で差異があることが明らかになる。

　たとえば、保育所での保育時間は、1日につき8時間が原則とされているのに対し、幼稚園での1日の教育時間は、4時間を標準とするとされている。また、入所・入園の手続きも、保育所が保護者の申し込みにより、市町村長が「保育に欠ける」と認めたときは乳幼児の入所措置を決定することになっているのに対し、幼稚園では保護者の入園申請に基づき設置者が入園決定を行なうこととなる。その他数々の相違点を認めることができ、これを法制度の面から比較・整理すると図表5-9のとおりとなる。

図表5-9　保育所と幼稚園の比較

区　分	保育所	幼稚園
根拠法令	児童福祉法	学校教育法
所管省庁	厚生労働省	文部科学省
施設の性格	児童福祉施設	学校教育施設
設置主体	（公立）地方自治体 （私立）社会福祉法人、団体、個人	（国公立）国、地方自治体 （私立）学校法人、保育所を経営する社会福祉法人
設置認可	（公立）都道府県知事、指定都市市長、中核市市長に届出 （私立）都道府県知事、指定都市市長、中核市市長の認可	（市町村立）都道府県教育委員会の認可（指定都市は都道府県教育委員会に届出） （私立）都道府県知事の認可
監督	都道府県知事、指定都市市長、中核市市長	（市町村立）都道府県教育委員会 （私立）都道府県知事
対象児童	保育に欠ける乳幼児および児童	満3歳以上から就学前の幼児
1日の教育・保育時間	1日8時間を原則	1日4時間を標準
教諭・保育士の資格	保育士資格証明書 保育士養成施設卒または保育士試験合格者	幼稚園教諭普通免許 専修（大学院修了）、1種（大卒）、2種（短大卒など）
職員配置	保育士、嘱託医、調理員は必置 4・5歳　30：1 3歳　　20：1 1・2歳　　6：1 0歳　　　3：1	園長・教諭 1学級35人以下を原則　学級毎に1名の教諭を配置　学級は同一年齢で構成を原則
財政的援助	国の定める保育単価と保育料との差額を国2分の1、県4分の1、市町村4分の1負担	私立幼稚園経常費助成費補助 私立幼稚園の経常費に対する都道府県の助成に対して国も一定額を補助 幼稚園就園奨励補助金

（出所）　児童福祉法、学校教育法をもとに筆者が作成。

(3) 保育所制度・幼稚園制度における地方自治体の役割

　保育所・幼稚園に関して、都道府県と市町村、市町村のなかでも、指定都市、中核市とその他の市および町村では、権限等に違いある。

　まず、児童福祉法、学校教育法のいずれとも、自治体が保育所や幼稚園の設置主体となることを認めており、都道府県、市町村とも、保育所や幼稚園を直接設置・運営することができる。実際には都道府県で保育所や幼稚園を設置しているところは極めて少ない。つぎに、保育所の設置認可について、都道府県知事、指定都市市長、中核市市長はその権限を有する

が、幼稚園については、都道府県のみに認可権限が与えられている。この場合、公立の幼稚園については都道府県教育委員会が、私立幼稚園については都道府県知事が認可権を有している。なお、指定都市が幼稚園を設置する場合は、都道府県教育委員会に届出をすればよいこととなっている。また、保育所の設置主体には、社会福祉法人がなることが多いが、その設立認可権は都道府県知事、指定都市市長および中核市市長が有する。同様に、私立幼稚園の85％以上は学校法人により設立されたものであるが、その設立権限は都道府県知事のみに付与されている。

以上を整理すると図表5-10のとおりとなる。概括すると都道府県は保育所や幼稚園を直接運営することは少なく、認可や監督の権限を有する立場にあり、指定都市や中核市は保育所や幼稚園の設置主体になると同時に私立の保育所に対し設置の認可や監督の権限を持ち、その他の市町村は行政上の権限は有しないものの、保育所や幼稚園の設置や運営主体としての役割を担っているといえる。

図表5-10　保育所および幼稚園に関する自治体の役割

区分		都道府県		指定都市	中核市	その他の市町村
^	^	知事	教委	^	^	^
保育所	設置主体	○		○	○	○
^	設置認可	○		○	○	
^	監督	○		○	○	
^	社会福祉法人の設立認可	○		○	○	
幼稚園	設置主体	○		○	○	○
^	設置認可	○ (私立)	○ (公立)			
^	監督	○ (私立)	○ (公立)			
^	学校法人の設立認可	○				

（出所）児童福祉法、学校教育法をもとに筆者が作成。

2 幼保一元化を巡る議論の動向

これまで述べてきたように保育所・幼稚園は、就学前の児童を対象とし、多くの住民に関わり合いの深い施設であるにもかかわらず、施設の性格や設置基準など多くの点で異なっている。また、自治体の種別によって、権限や役割が異なり、サービスの受け手である住民にとって、わかりにくいものとなっているため、両制度が発足した当初からそのあり方を巡って国の審議会で論議が交わされてきたところである。しかし、最近では地方分権改革や規制緩和を軸にして幼保一元化が論じられている。

まず、2003（平成15）年に閣議決定された「経済財政運営と構造改革に関する基本方針2003」（骨太の方針2003）において、地域のニーズに応じ、就学前の教育・保育を一体として捉えた一貫した総合施設の設置を可能とすること、あわせて、幼稚園と保育所に関し、職員資格の併有や施設整備の共用をさらに進めることが表明された。同年に総合規制改革会議は「規制改革の推進に関する第3次答申」のなかで、幼稚園と保育所どちらか一方のみに課せられている規制について緩和・撤廃すべきと提言した。2004（平成16）年に地方分権改革推進会議が提出した「地方公共団体の行財政改革の推進等行政体制の整備についての意見」のなかでは、「骨太の方針2003」が示した「総合施設」についての留意事項が述べられている。また、幼稚園、保育所の所管部局は、分散していることから、幼保一元化に併せて、所管部局を自由に選択・調整できるようにすべきとの考えも示された。このような議論を経て保育所と幼稚園の垣根は次第に低くなりつつあり、また2006（平成18）年には「就学前教育保育法」が制定され、総合施設としての「認定こども園」が制度化されるなど、幼保一元化へ向けた動きは進みつつある。

3 幼保一元化に関する自治体組織の動向

(1) 都道府県

都道府県で保育所を設置しているのは、2県（富山県、石川県）、幼稚

園を設置しているのは4県（岩手県、埼玉県、新潟県、長野県）であり、保育所の運営は知事部局、幼稚園については教育委員会が所管している。また、多くの都道府県では、設置認可や監督について、保育所や私立幼稚園に関しては知事部局が、公立幼稚園に関しては教育委員会が所管しているのが現状である。ただし、和歌山県では知事部局に幼保・少子化対策推進室を、高知県では教育委員会に幼保支援課を置いて一元化を進めている。

Case 1　福祉保健部に幼保一元化組織を設置＝和歌山県

和歌山県では2003（平成15）年の組織改正で福祉保健部の子ども未来課の課内室として「幼保・少子化対策推進室」を設置した。この組織は、幼保一元化は少子化対策の重要課題であるとの認識のもと、総合的な施策として展開するため、保育所、幼稚園に関する事務の総合調整機関として位置づけられている。同室は、保育所設置や運営指導、さらには幼稚園の設置認可や指導に関する業務を所管するとともに、県民や市町村からの幼保に関する相談窓口として役割も担っている。

図表5-11　和歌山県福祉保健部子ども未来課の組織構成（2008年）

福祉保健部 ── 福祉保健政策局 ── 子ども未来課
　　　　　　　　　　　　　　　　　└ 幼保・少子化対策推進室

Case 2　教育委員会に幼保一元化組織を設置＝高知県

高知県では2003（平成15）年の組織改正で県内に生まれた子どもたちが、どこにいても質の高い保育・教育が受けられるよう、教育委員会に「幼保支援課」を設置した。教育委員会で一元化した理由として、就学前の子どもたちの「学び」を効果的に支援し、小学校への円滑な接続を目指したためである。同課では、保育所や幼稚園に関して全般的な業務を担っており、保育士や幼稚園教諭の資質・専門性の向上に向けた公開保育や園内研修、さらには保育所・幼稚園のモデル園と小学校のモデル校が連携した研

第 5 章　ボーダレス化　113

究にも取り組んでいる。

(2) 指定都市と中核市

　指定都市および中核市は、保育所や幼稚園の設置主体としての役割を担うと同時に、私立保育所に対する設置認可、監督に関する権限を有している。このほか、保育所の経営を目的とする社会福祉法人の設立認可権を持っているが、私立幼稚園に対する設置認可権は与えられていない。指定都市や中核市のほとんどが、自ら保育所や幼稚園を設置・運営しており、同一の部局が両施設を所管している例は、相模原市（神奈川県）、宮崎市で見られる。これらの市は、いずれも中核市であり、市長部局が保育所・幼稚園を所管している。

Case 1　市長部局で幼稚園と保育所を所管＝相模原市（神奈川県）

　相模原市では、29の保育所、3の幼稚園を市の直営で設置・運営している。2007（平成19）年の組織改正により、市長部局にこども育成部が新設され、これまで教育委員会の所管であった市立幼稚園が同部に移管された。多くの自治体において、未就学児を持つ親は市立の施設に子どもを預けようとする場合、福祉部局と教育委員会に相談に行かなければならないところ、相模原市のケースは市が設置した保育所と幼稚園の窓口が一元化されたことにより市民の利便性が向上したケースである。

図表5-12　相模原市こども育成部の組織構成（2008年）

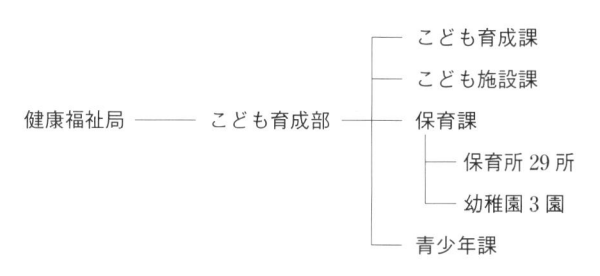

```
健康福祉局 ── こども育成部 ┬── こども育成課
                          ├── こども施設課
                          ├── 保育課
                          │    ├── 保育所29所
                          │    └── 幼稚園3園
                          └── 青少年課
```

(3) その他の市町村

都道府県、指定都市、中核市を除く自治体は、私立の保育所や幼稚園に対して設置や監督に関する権限を有しておらず、自らが保育所や幼稚園を設置して運営する役割のみを持っている。多くの市町村では、すでに述べた指定都市や中核市と同様に保育所は首長部局、幼稚園は教育委員会と国の省庁の縦割りで担当課が編成されている。しかしながら、特例市でも、保育所と幼稚園の窓口を一元化した自治体が数例出てきている[6]ほか、その他の市区町村でも、それぞれ創意を凝らして保育所と幼稚園を同一敷地内に設置するなどの一元化に取り組んでいる事例も見られる。

この場合、森田明美氏は、「年齢・施設区分型」「施設併設型」「同一施設型」の3つの類型に分類している[7]。年齢・施設区分型は、公立幼稚園に就学前の5歳児全員が入園する方式と、幼稚園でも長時間保育を展開する方式に分かれる。施設併設型は施設を新しく立て直す際に保育所と幼稚園を併設する方式であり、同一施設型は保育所児と幼稚園児が同一施設で過ごす方式である。以下、幼保一元化に取り組む自治体組織の具体的な事例を検討する。

Case 1　教育委員会で幼保一元化＝長岡市（新潟県）

長岡市では、2007（平成19）年4月の組織改正により教育委員会に「子ども家庭課」と「保育課」を新設し、それまで市長部局の福祉保健部が担当していた保育所に関する業務などを教育委員会に移管した。移管した業

図表5-13　長岡市教育委員会の組織構成（2008年）

教育委員会 ── 教育部 ─┬─ 教育総務課
　　　　　　　　　　　├─ 学務課
　　　　　　　　　　　├─ 学校教育課
　　　　　　　　　　　├─ 子ども家庭課
　　　　　　　　　　　└─ 保育課

務は保育所に関するものばかりではなく、母子健診や乳幼児予防接種を含む少子化対策全般にわたっており、このような例は全国的に見ても非常に珍しい。

Case 2　幼保一元化の先駆け＝交野市（大阪府）

　交野市は、1972（昭和47）年から保育所・幼稚園の一元的運営を開始した全国でも先駆けの自治体である。「どの子も平等に教育を受ける」という教育の機会均等の考えのもと、就学前2年の幼児を同じ施設で同一の保育を行なうため、保育所と幼稚園を併設している。開設当初は、民生部と教育委員会に指揮命令系統が分かれていたが、1973（昭和48）年に福祉と教育の両部門が所管する「幼児対策室」を設置し、窓口の一本化が図られた。「幼児対策室」は、現在では「こども室」に名称変更になったが、役割は従前のままで市長と教育委員会の共管である。

図表5-14　交野市子ども室の組織構成（2008年）

```
市長 ── 副市長 ─┬─ こども室 ─┬─ 庶務係
                │              ├─ 子育て支援係
     教育委員会 ─┘              ├─ 保育所係
                                └─ 幼稚園係
```

第3節　公共事業部門

　地方自治体において公共事業は、道路や下水道等社会資本の整備という観点、防災をはじめとする安全・安心な地域社会の構築という観点、地域経済の活性化という観点から重要な事業であり、毎年多額の資金と人員が投入されている。1990年代後半の中央省庁改革において、議論されたことの1つに、公共事業を所管する省庁をどう再編するかということがあっ

た。中央省庁の再編をリードした当時の橋本首相は、公共事業官庁の一元化も視野にいれ、「一般道と農道、あるいは市街地の下水道と農村の汚水処理施設は、いずれもばらばらに整備されている[8]」と国会や講演で指摘していたといわれる。当時、一般道は建設省（道路局）、農道は農林水産省（構造改善局）、都市下水道は建設省（都市局）、農業集落排水事業は農林水産省（構造改善局）がそれぞれ所掌していたことを念頭においての発言であったと考えられる。

中央省庁改革の議論のなかで、橋本首相は、自ら国土開発省と国土保全省を提案したが、自民党内の合意を得ることはできなかった。地方自治体における公共事業の大半は、国の省庁からの補助金に依存しており、地方自治体の組織編成を考える場合、国の動向にも注視する必要がある。

1 公共事業とは何か

(1) 公共事業費

財政法第4条に規定されている公共事業費は、建設国債の発行対象経費である。国の予算書に計上されており、地方自治体に対する補助金も含まれ、実施主体は必ずしも国ではない。また、博物館などの文化施設整備費は含まれるが、住宅対策費は含まれていない。

(2) 公共事業関係費

公共事業関係費は国の一般会計歳出のなかの費目の1つであり、国の予算関連資料でよく目にする。公共事業関係費は、治山治水対策事業費、道路整備事業費、港湾空港鉄道等整備事業費、住宅都市環境整備事業費、下水道水道廃棄物処理等施設整備費、農業農村整備事業費、森林水産基盤整備事業費、調整費等、災害復旧等事業費で構成されている。住宅対策費は、公共事業関係費の中に含まれるが、文化施設整備費は含まれない。また、公共事業費と同様、地方自治体に対する補助金も含まれ、実施主体は必ずしも国ではない。2010（平成22）年度予算では、5兆7,731億円と前年度に比べ1兆2,970億円、18.3％減少している。

図表 5-15　国の一般会計歳出予算主要経費別分類

社会保障関係費	
文教及び科学振興費	
国債費	
恩給関係費	
地方交付税交付金	
防衛関係費	
公共事業関係費	
経済協力費	
中小企業対策費	
エネルギー対策費	
食料安定供給関係費	
産業投資特別会計	
その他の事項経費	
予備費	

⇒

公共事業関係費	治山治水対策事業費
	道路整備事業費
	港湾空港鉄道等整備事業費
	住宅市街都市環境整備事業費
	下水道水道廃棄物処理等施設整備費
	農業農村整備事業費
	森林水産基盤整備事業費
	調整費等
	災害復旧等事業費

（出所）　経済企画庁編『日本の社会資本』東洋経済新報社、1998 年、22 頁をもとに筆者が作成。

(3) 行政投資

　総務省は毎年度「行政投資実績」をまとめている。このなかで行政投資とは、国、地方自治体や公的企業が実際に支出した投資額をさし、用地費・補修費を含んでいる。2005 年度の行政投資額は、25 兆 4,691 億円であった。

(4) その他

　上記以外にも、公共事業に類似した概念として公共投資および公的固定資本形成という考え方がある。公共投資は、国の経済計画や公共投資基本計画で用いられている概念であり、公的固定資本形成は、内閣府の国民経済計算（SNA）上の概念である。以上の (1) から (4) の概念を整理したものが、図表 5-16 である。

図表 5-16　公共事業の諸概念

区分	支出内容		実施主体（上段）、財源（下段）				
	建設費等	用地費・補償費	国	政府企業（含公社・公団等）	地方公共団体	第三セクター	民間
公共事業費	○	○	○	○	○		
			◎				
公共事業関係費	○	○	○	○	○		
			◎				
行政投資	○	○	○	△	○		
			←――――――――――――――――→				
公共投資	○	○	○	○	○	△	
			←――――――――――――――――→				
公的固定資本形成	○	×	○	△	○		
			←――――――――――――――――――→				

（出所）　沼尾波子「公共投資論」金澤史男編『財政学』有斐閣、2005 年、73 頁から抜粋。

2　中央省庁における公共事業部門の組織再編

　複数省庁が関係する類似の公共事業のあり方については、古くは大正時代から論議されていた。第 2 次世界大戦後は、政府の行政改革に関する審議会でたびたび問題提起されている。

　まず、1964（昭和 39）年の臨時行政調査会（第 1 次臨調）の改革意見のなかで農林・運輸・建設三省の行なう海岸保全行政について「その実施にあたって必要な連絡調整が不十分なために種々の支障をきたしている」事例として提示された。

　1993（平成 5）年の第 3 次臨時行政改革推進審議会の最終答申では、「複数省庁に関連する公共事業のあり方について、総合的、効果的な資源配分に資するよう、執行面における事業間の総合調整の徹底を図るとともに、事業の一部統合について中期的に検討する」とされた。個別の省際問題と

して、農林水産省、運輸省、建設省による海岸保全施設の整備、厚生省、農林水産省、建設省による汚水処理関連施設の整備等が取り上げられ、改善の方向性が示された。これらの指摘を踏まえ、関係省庁間ではつぎのような調整の仕組みが模索されてきた。まず、海岸保全行政については、統一的な運営を図るため、農林水産省、運輸省および建設省による海岸保全行政事務中央連絡協議会や都道府県レベルでの関係部課による連絡調整機関が設置された。

汚水処理施設については、国、都道府県、市町村レベルで連絡会議の設置など事業間の調整システムの確立や都道府県構想の策定が行なわれた。道路についても、関係省連絡会議や都道府県レベルでの関係部局による連絡調整会議が設置され、事業調整が行なわれている。砂防、地すべりについては、それぞれ建設省、農林水産省の所管であるが、1963（昭和38）年に中央に砂防治山中央連絡会議、都道府県ごとに地方連絡会議が設置され、治水砂防行政および治山行政事務の連絡調整を行っている。

1996（平成8）年に設置された行政改革会議においても、公共事業のあり方が論議された。当時の建設省や農林水産省に「公共事業関係組織の一元化についてどう考えるか」という問いが投げかけられた。これに対し、建設省は、「国土の適正な管理に関連する行政の一体化を基本方向とし、その方向のなかで公共事業関係組織についてもできるだけ大括り化を図ることが重要と認識」と一元化を推進する姿勢を示した。一方、農林水産省は、同じ問いに対し、「農業農村基盤整備事業は農政の展開方向に即して実施することが基本的に重要であり、地域からの総合的事業実施及び重複排除の要請については、関係事業の連携プロジェクトや連絡会議等による調整で対応することが現実的」と回答し、会議による調整で事足りるとの認識を示した。このように、建設省と農林水産省の見解が異なったが、1997（平成9）年9月に行政改革会議は中間報告をとりまとめ、このなかで国土整備関係の省庁について、国土開発省と国土保全省に分化する案が提示された。すなわち、国土開発省は河川局を除く建設省に、運輸省、国土庁、北海道開発庁を統合し、国土保全省は建設省河川局と農林水産省を統合するというものであった。

その後、与党および建設省から猛烈な巻き返しが図られ、最終的には建設省、運輸省、国土庁、北海道開発庁の統合による国土交通省が誕生することとなった。同年12月3日に行政改革会議の最終報告が決定され、その翌日に「行政改革会議最終報告に関する対処方針」の閣議決定というスピーディな展開を見せた。行政改革会議最終報告を全面的に盛り込んだ中央省庁等改革基本法は1998（平成10）年3月に国会に提出され、同年7月に可決成立したが、国会では達成感はなかったといわれる。橋本首相は行政改革会議の会長を自ら務める等中央省庁再編を陣頭指揮したが、自身の発案といわれる公共事業を「開発」と「保全」に分離する案は陽の目を見ることはなく、道半ばに終わった。このことは公共事業部門の組織再編がいかに難しいかを象徴しているといえよう。

3　地方自治体における公共事業部門一元化の取り組み

　中央省庁改革において、公共事業部門については、道路、河川、住宅などを所管する建設省と港湾や空港などを所管する運輸省が統合され、国土交通省が誕生した。国土交通省については、時代に逆行する巨大な公共事業官庁という批判が当初から寄せられ、「大きな弊害を生み出すのではないかという懸念[9]」も示された。このため、中央省庁等改革基本法第46条に公共事業の見直しとともに、地方自治体への事務移譲が規定されたものの、大きな動きは見られなかったが、2008（平成20）年に地方分権改革推進委員会が、国から都道府県への大幅な権限移譲や国の出先機関の統廃合を勧告した。

　一方、地方自治体は、地域の社会資本の整備にあたって、公共事業に要する経費の大半を補助金に依存するとはいえ、総合行政主体であることの強みを発揮することが求められており、公共事業部門の組織編成においてけっして多くはないものの、関係部局の垣根を越えて独自の取り組みを行っている自治体もある。ここでは、生活排水対策における公共事業部門の連携や一元化の取り組みを考察する。

（1）生活排水対策における国の省庁の連携

　河川や湖沼等の水質の保全を図るうえで、家庭からの生活排水対策が求められ、自治体では、ハード、ソフト両面にわたってさまざまな施策を講じてきた。ハード面の対策としては、従前から下水道を中心として汚水処理施設の整備が図られてきた。下水道以外にも、地域の実情に応じ合併処理浄化槽、農業集落排水施設、コミュニティ・プラント（地域し尿処理施設）などが整備されてきたが、いまだ十分とはいえない状況である。下水道は建設省（現在は国土交通省）、合併処理浄化槽およびコミュニティ・プラントについては厚生省（中央省庁再編に併せて環境省に移管）、農業集落排水施設については農林水産省と所管省庁が異なっており、省庁間で調整する仕組みが模索されてきた。

　1995（平成7）年に建設省、厚生省および農林水産省の担当課長から各都道府県の担当部長あてに「汚水処理施設の整備に関する構想策定の基本方針について」（通達）が発出され、都道府県レベルでの総合的な計画策定が求められ、1998（平成10）年までにすべての都道府県が構想を策定した。

（2）地方自治体の取り組み

都道府県

　生活排水対策における都道府県の役割は、基本的には汚水処理施設整備に関する構想の策定のほか、流域下水道の整備、市町村への技術的援助、補助金交付である。大半の都道府県では、これらの業務を国の各省に対応する部局が所管している状況である。すなわち、下水道事業については土木部、県土整備部などの土木部門、合併処理浄化槽については環境部、環境生活部などの環境部門、農業集落排水事業については農政部、農林水産部などの農政部門が担当するといった具合である。一方、いくつかの県では、業務の一元化の取り組みも見られ、ここでは環境部門、土木部門で一元化している例を整理する。

Case 1　生活排水対策を環境部門に一元化＝長野県

　長野県では、環境部生活排水課において一元的に生活排水処理対策を所管しており、組織構成および分掌事務は図表5-17のとおりとなっている。このように、環境部門が生活排水対策を全面的に所掌する例は少ないが、長野県の汚水処理人口普及率は、93.1％と全国平均よりも10ポイント近くも高く、全国第6位に位置する。長野県よりも上位のところは、東京都、兵庫県、滋賀県、神奈川県、大阪府であり、滋賀県を除いて大都市を擁している。長野県は閉鎖性水域である諏訪湖の水質浄化を図るため、生活排水対策に熱心に取り組んだ経緯がある。滋賀県は大都市部とはいえないが、琵琶湖という日本最大の淡水湖を県のシンボルとして位置づけ、その浄化については県民を挙げて取り組んでいる。組織編成上の特性として、琵琶湖環境部を設置しており、生活排水を担当している下水道課も同部に属している。

　都道府県で環境部門に生活排水対策を一元化している例は、京都府、鳥取県および長崎県でも見られるが、汚水処理人口普及状況は、京都府、鳥取県ではそれぞれ93.0％、86.7％と全国平均を上回っている。特に、鳥取県は、近畿圏を除く西日本17県で最高の普及率となっている。環境部門が生活排水対策を一元化している自治体は、汚水処理人口普及率が相対的に高くなっている。

図表5-17　長野県環境部生活排水課の組織構成（2008年）

```
環境部 ──── 生活排水課 ┬── 業務係
                        ├── 生活排水係
                        └── 流域下水道係
```

図表5-18　生活排水対策を環境部門に一元化している府県の汚水処理人口普及状況
（2008年3月現在）

府県名	部局名	課名	普及率（％）	全国順位
長野県	環境部	生活排水課	93.1	6
京都府	文化環境部	水環境対策課	93.0	7
鳥取県	生活環境部	水・大気環境課	86.7	10
全国平均			83.7	

（出所）　農林水産省・国土交通省・環境省『平成19年度末の汚水処理人口普及状況について』2008年をもとに筆者が作成。

Case 2　土木部門に生活排水対策を集約＝静岡県

静岡県では、2007（平成19）年4月に建設部都市局内に生活排水室を設置し、生活排水対策を一元的に推進している。生活排水室は、都市住宅部都市整備総室の「下水道室」と「流域下水道室」を母体として、農業水産部農山村振興室が所掌していた農業集落排水事業に関する業務や環境森林部生活環境室が所掌していた合併処理浄化槽に関する業務を一元化して新設されたものである。これは、従来の国の省庁に対応した縦割り組織から行政サービスの受け手である県民や市町の視点に立った目的指向型の組織体制の構築を目指すものである。生活排水室の組織構成は、図表5-19のとおりであり、長野県の生活排水課と大きな差異は認められない。静岡県のほか数県で土木部門が生活排水対策の一元化組織を担っている。その理由としては、汚水処理施設の大部分は下水道事業によるもので、土木部門のイニシアティブが大きいことであると考えられている。

図表5-19　静岡県建設部都市局生活排水室の組織構成（2008年）

建設部　───　都市局　───　生活排水室　┬── 整備係
　　　　　　　　　　　　　　　　　　　　├── 計画スタッフ
　　　　　　　　　　　　　　　　　　　　└── 流域下水道スタッフ

指定都市、中核市および特例市

生活排水対策について、市町村は下水道、農業集落排水施設などの事業主体となって整備を進めるとともに、合併処理浄化槽に関して、住民への普及啓発を行い、補助制度をインセンティブとして整備促進を図るなど、その役割は大きい。汚水処理人口の普及率を市町村の規模別に見ると、図表5-20のとおり人口規模が増大するに従い、普及率は大きくなり、同時に下水道の占める割合も高くなる。汚水処理施設別の処理人口は、下水道が9,111万人（普及率71.7%）、農業集落排水施設等が370万人（普及率2.9%）、浄化槽が1,121万人（普及率8.8%）となっており、圧倒的に下水道のシェアが高くなっている。

図表5-20　自治体規模別汚水処理人口普及率（2008年3月末）

人口規模	100万人以上	50-100万人	30-50万人	10-30万人	5-10万人	5万人未満	合計
総人口（万人）	2,751	1,036	1,743	3,052	1,941	2,185	12,707
処理人口（万人）	2,730	920	1,518	2,524	1,465	1,478	10,635
普及率（%）	99.2	88.8	87.1	82.7	75.5	67.6	83.7
（内訳）　下水道	98.5	81.8	78.7	70.4	56.8	42.7	71.7
浄化槽	0.6	6.2	7.2	9.6	13.7	16.4	8.8
農集排	0	0.6	1.0	2.5	4.7	8.0	2.9
コミプラ	0	0	0	0	0	0.6	0.3

（出所）農林水産省・国土交通省・環境省『平成19年度末の汚水処理人口普及状況について』2008年　をもとに筆者が作成。
（注）農集排：農業集落排水処理施設、コミプラ：コミュニティ・プラント

都市部における生活排水対策は下水道が中心で、農業集落排水事業は、人口30万人以上の都市ではほとんど実施されていない。一元化組織の設置もあまり見られないが、ここでは中核市であるいわき市（福島県）、特例市である鳥取市における取り組みを概観する。

Case 1　生活環境部に生活排水対策室を設置＝いわき市

　いわき市では、2007（平成19）年に総合的な生活排水対策を推進するため、生活環境部内に生活排水対策室を設置した。これは、2006（平成18）年10月に全庁的な視点から行政機構の抜本的な見直しを図るために策定された「いわき市行政機構改革実施方針」に基づくものである。従前は、環境保全施策は環境部、下水道の整備は下水道部が所掌していた。しかし、水質の保全を、適切かつ効率的に推進するとともに、良質な生活環境の形成を図るため、両部を再編し、生活環境部が新設された。

　生活排水対策室は、図表5-21のように排水対策課、下水道施設課および下水道建設課の3課で構成され、排水対策課は生活排水対策の総合企画に関する業務や合併処理浄化槽に関する業務、下水道施設課は下水道に加え農業集落排水施設の管理業務、下水道建設課は下水道のほか農業集落排水施設の整備を所掌している。生活排水対策室の新設により公共下水道、都市下水路、農業集落排水施設の効率的な整備が期待されている。

図表5-21　いわき市生活環境部生活排水対策室の組織構成（2008年）

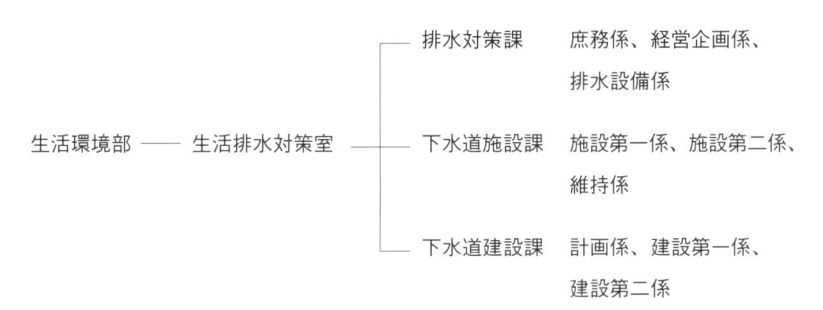

生活環境部 ── 生活排水対策室 ┬── 排水対策課　　庶務係、経営企画係、排水設備係
　　　　　　　　　　　　　　　├── 下水道施設課　施設第一係、施設第二係、維持係
　　　　　　　　　　　　　　　└── 下水道建設課　計画係、建設第一係、建設第二係

Case 2　環境部門と下水道部門を統合して環境下水道部を設置＝鳥取市

　鳥取市では、2003（平成15）年に環境部門と下水道部門を統合し、環境下水道部を設置した。従前は、環境部門は生活環境部、下水道部門は下水道部が所掌していたが、環境行政と下水道行政は同一の部で実施した方

が、効率的、効果的であるとの判断があったものと考えられる。同時に、農林水産部農村整備課で所掌していた農業集落排水事業を環境下水道部に移管し、生活排水対策の一元化が図られた。下水道環境部は、図表5-22のとおり環境政策課、生活環境課、下水道計画課、下水道管理課および下水道建設課の5課で構成されている[10]。

図表5-22　鳥取市環境下水道部の組織構成（2008年）

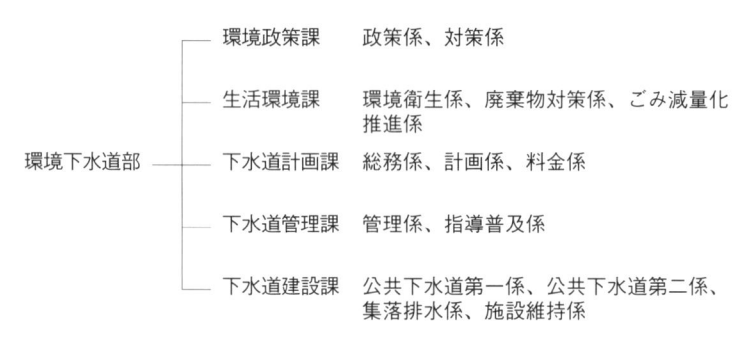

```
                  ┌─ 環境政策課    政策係、対策係
                  │
                  ├─ 生活環境課    環境衛生係、廃棄物対策係、ごみ減量化
                  │                推進係
環境下水道部 ─────┼─ 下水道計画課  総務係、計画係、料金係
                  │
                  ├─ 下水道管理課  管理係、指導普及係
                  │
                  └─ 下水道建設課  公共下水道第一係、公共下水道第二係、
                                   集落排水係、施設維持係
```

【注】

(1) 　細江茂光岐阜市長は、教育の地方分権についてのインタビューのなかで次のように述べている。
　「教育問題が発生すると、市民の多くは市長が管轄していると認識しているため、市長部局に問い合わせや苦情が寄せられる。マスコミも教育委員会だけでなく、市長にコメントを求める」（『ガバナンス』2007年7月、ぎょうせい、22頁）。

(2) 　佐藤晴雄「地域の教育文化振興と教育委員会」堀内 孜編集代表『教育委員会の組織と機能の実際』ぎょうせい、2001年、38頁。また、同氏は「社会教育」の衰退について、次のように論述している。
　「臨教審答申以降、社会教育を含めた教育文化事業は『生涯学習』の名の下に包括され、教育委員会のみならず全庁的に推進されるに至る。そうなると、社会教育行政は生涯学習関連行政の一部門に成り下がり、生涯学習の中に吸収されて

いったのである」(同書39頁)。
(3) 　文部省のキャリア官僚出身の西尾理弘出雲市長は、教育委員会制度についてつぎのようなコメントを寄せている。
　「非常勤の教育委員が月に1回程度、意見交換・協議する場となっている教育委員会では、主体的にかつ専門的、総合的に合議、検討し、明確な意思決定、政策決定を行い、教育長はじめ担当部課長に的確に執行させることは至難の技である。(中略)委員会行政というけれども、教育長あるいは事務局の課長、係長が仕事をやっていて、教育委員はどんなメンバーがいるのか顔が見えないというのが実態である」(西尾理弘「待ったなし教育行政改革」PHP研究書編『国の常識は地方の非常識』PHP研究所、2004年、184-187頁)。
(4) 　地方教育行政法の改正について、大森 彌氏はつぎのように指摘している。
　「改正地行法の第24条の2は、教委が所管するスポーツ・文化に関する事務を首長に移管できると規定している。しかし、これは改正前でもできることで、事実、そうしている自治体もあり、むしろ、この規定は、首長部局に移管できる所掌事務をこの二つに限定することにより、教委自体の首長部局化、すなわち教委制度の廃止に歯止めをかけようとするものといえる」(大森 彌「分権改革に逆行する改正『地教行法』」『ガバナンス』2007年7月、ぎょうせい、26頁)。
(5) 　野田邦弘・石川美枝子「横浜市の文化行政」横浜市立大学大学院編『都市経営の科学』中央経済社、1997年、203-209頁。
(6) 　たとえば、太田市(群馬県)では、福祉こども部児童施設課で幼稚園と保育園を所管している。
(7) 　森田明美「保育一元化がなぜ必要か」森田明美編『幼稚園が変わる、保育所が変わる』明石書店、2000年、33-35頁。
(8) 　東京新聞取材班『破綻国家の内幕』角川書店、2005年、333頁。
(9) 　田中一昭・岡田 彰『中央省庁改革』日本評論社、2000年、154頁。
(10) 　環境下水道部が設置された2003年時点では図表5-22に示した下水道建設課は、下水道施設課であったが、2008年度の組織改正により名称が変更された。

第6章
集中化・専門化

第1節　総務事務組織

　地方自治体では、これまで1つの課に1～4人の総務（庶務）担当職員が配置され、総務事務を処理するのが一般的であった。総務事務とは、旅費業務、福利厚生業務、給与関係事務、物品調達管理事務などをいい、自治体の総業務量の概ね10％程度を占めているとの指摘もある[1]。これらは、住民サービスに直結しない内部事務的な業務であるが、各所属に必要不可欠なものとして従前の体制が維持されてきた部門であった。しかしながら、最近の自治体における行政改革の流れのなかで、職員総数の純減化の要請が強まり、都道府県を中心に総務事務の集中化やアウトソーシングが実施されるようになった。その動きは、堰を切ったかのように都道府県を中心として全国の自治体に広がりつつある。

1　民間企業における総務事務

(1) 間接部門

　民間企業においても、地方自治体と同様に総務事務部門が存在する。経理業務、人事業務、庶務業務などは間接部門と呼ばれ、製造部門や営業部門等直接に企業に利益をもたらす部門、すなわち事業部門に対するものとして位置づけられている。事業部門がプロフィットセンターと呼ばれるのに対し、間接部門はその業務が企業の利益と直結せず、主として人件費などのコストがかかることから、コストセンターとも呼ばれることがある。

(2) シェアードサービス

　民間企業では、バブル経済崩壊後の不況の波を乗り切るため、リストラなどにより事業部門の効率化を進めてきたが、間接部門はスリム化が図られにくい、いわば聖域化していたきらいがあった。しかしながら、いくつかの企業では、間接部門を合理化するため、さまざまな挑戦を行ってきた。そのような試みの1つがシェアードサービスである。シェアードサービスとは、「企業グループ内で実施されている間接業務を集中化し、それに伴い業務の見直しと標準化を実施することであり、日本企業では比較的最近導入され始めた間接業務のマネジメント手法である[2]」と説明されている。

　シェアードサービスを行なう場所は、「シェアードサービスセンター」と呼ばれている。従来の組織では、企業グループ内の各企業が、それぞれ経理、人事、総務などの間接部門を有しており、同一種類の業務を独自に実施することになるので、効率性の低さが指摘されていた。しかし、シェアードサービスを導入することにより、グループ全体の間接部門が集約され、人件費などのコスト削減が可能となると期待される。

　シェアードサービスセンターが分社化した場合、当初は関連企業だけを相手にしていたものが、他企業から間接業務を受託することにより、コストセンターからプロフィットセンターへと進化するシナリオも描けるのである。シェアードサービスセンターは、分社化のほかに親企業にセンターを設置し、各事業部門や関連企業から間接業務を集約する形態もある。この場合、本社の既存の組織にセンター機能を付加するパターンと、本社内にセンター機能を持つ新たな組織を設置するパターンがある。民間企業において、シェアードサービス導入の最大のねらいはコスト削減であることは先に述べたが、内部統制の観点からその有効性についての期待も寄せられている。

　菊永孝彦氏によれば、多くの営業部署や営業拠点では、事務要員が限られており、特定の社員に業務が集中し、属人化しやすい。その結果、本来必要な相互チェックが十分に実施できない状況もしばしば見られる。このような状態では、内部牽制が働いているとはいえず、内部統制上重要な問

題を含んでいる。そこで、営業部署がこれまで少ない社員で行っていた業務をシェアードサービスセンターなどに移管することにより、営業部署とセンターとの内部牽制関係の構築を図るとともに、営業部署は本来営業として注力すべき業務に集中できるようになる[3]。

2 地方自治体における総務事務の改革

(1) 自治体における総務事務改革

　民間企業では、1で述べたようにシェアードサービスの導入など間接部門の改革が着々と進められてきたが、自治体の総務事務改革は、どのような状況であろうか。まず、静岡県が総務事務の集中化に1998（平成10）年度から着手し、2002（平成14）年度に出納局に「総務事務センター」を設置した。総務事務センターでは、当初知事部局の本庁職員約2,300人分の総務事務を処理していたが、アウトソーシングの導入も進めながら、2006（平成18）年から2008（平成20）年にかけて総務事務の集中化をすべての出先機関にまで拡大した。静岡県を先駆けとした自治体の総務事務改革は、都道府県を中心に全国に波及し、まさに燎原の火のごとく広がっている。後に詳述するが、都道府県で26道府県、指定都市で2市が総務事務集中化組織を設置している。

(2) 総務事務改革の背景

　総務事務改革が、都道府県で急速に取り組まれるようになった背景の1つとして、職員数の削減の要請があると考えられる。ここで、1990年代後半からの地方自治体における行政改革の流れを振り返ってみたい。国からの自治体に対する行政改革の要請をまとめたのが、図表6-1である。過去5回自治省（総務省）から都道府県知事や市町村長に行政改革に関し通知が出されているが、いずれの通知にも定員適正化計画の策定やその公表が盛り込まれており、自治体の行政改革に定員適正化は、「定番」とさえいえる。特に、2005（平成17）年の通知にあっては、今後5年間で過去5年間の平均純減率（4.6％）を上回ることが要請され、自治体にとっては極

めて厳しい内容であった。これは、地方財政の悪化に加え、「公務員の数は多すぎる」あるいは「公務員の人件費は高い」という世論を踏まえたものであると推察される。

図表6-1　国から地方自治体への行政改革に関する通知の状況

時期	通知名	主な内容
1985年	地方公共団体における行政改革推進の方針（地方行革大綱）の策定について	・行政改革大綱の自主的な策定、公表 ・定員適正化計画の策定・実施　等
1994年	地方公共団体における行政改革推進のための指針の策定について	・新たな行政改革大綱の自主的な策定、公表 ・定員適正化計画の策定・推進 ・定員状況の公表の推進　等
1997年	地方自治・新時代に対応した地方公共団体の行政改革推進のための指針の策定について	・行政改革大綱の見直し ・定員適正化計画の数値目標の公表　等
2005年	地方公共団体における行政改革の推進のための新たな指針の策定について（新地方行革指針）	・新たな行政改革大綱の自主的な策定、公表 ・集中改革プランの公表 ・2010年4月における明確な数値目標を掲げた定員適正化計画の公表　等
2006年	地方公共団体における行政改革の更なる推進のための指針の策定について	・総人件費改革（職員数の縮減、給与構造の見直し　等） ・公共サービス改革（公共サービスの見直し、市場化テスト） ・地方公会計改革　等

（出所）　各通知をもとに筆者が作成。

その後、2006（平成18）年7月に閣議決定された「経済財政運営と構造改革に関する基本方針」（骨太の方針2006）においても、国、地方の総職員数の純減が盛り込まれるとともに、同年に成立した行政改革推進法においても同様のものが規定され、法定化された。これらの措置により今ま

で以上の定員削減を迫られた自治体は、対応に苦慮したことが想像される。すでに職員数は可能な限り削減しているからである。図表6-2は、1975（昭和50）年、1994（平成6）年、2006（平成18）年における都道府県の部門別ごとの職員数をまとめたものである。都道府県では、1975（昭和50）年と2006（平成18）年を比べた場合、一般行政部門では21%減少しているが、教育関係では3%、警察関係では23%の伸びを示している。ここで留意しなければならないのは、教育関係職員や警察関係職員については、自治体の裁量により定員を増減できるものではないことである。

公立の小中学校の教職員については、「公立義務教育諸学校の学級編制及び教職員定数の標準に関する法律」により定数の標準が定められている。また、警官等警察職員については、警察法によりその定員は、条例で定めることになっているものの、この場合政令で定める基準に従わなければならないことになっている。教育部門については、少人数学級の要請はあるものの、少子化により教職員の需要が減少することはある程度予測することはできる。一方、警察部門については、振込詐欺など新しい犯罪がつぎからつぎに出てきて警察職員の増員は避けられないところであろう。

突き詰めていえば、国から自治体への定員削減の要請に応えようとすれば、都道府県の場合、警察部門の増加分（あるいは非減少分）を知事部局で吸収せざるを得ないのである。そこで、各都道府県が定員削減の手法の1つとして採用したのが、総務事務の改革、すなわち総務事務の集中化であったと考えられる[4]。総務事務センターの導入により、たとえば静岡県では65名、大阪府では約400名、愛知県では約340名の定員削減効果があると説明されている。都道府県の総務事務の集中化の動きを見た場合、2005（平成17）年に示された新地方行革指針以前から着手していたところも少なくない。これらの自治体においても、1997（平成9）年の国からの通知や地方財政の悪化による定員適正化の要請に呼応した取り組みであったものと考えられる。

図表6-2　都道府県の職員数の推移

区分	1975年 職員数	構成比	1994年 職員数	構成比	2006年 職員数	構成比	指数 1975	1994	2006
一般	346,294	23.1	324,248	19.9	271,859	18.1	100	94	79
教育	910,922	60.7	1,031,899	63.4	934,834	62.2	100	113	103
警察	225,900	15.1	253,994	15.6	277,543	18.5	100	112	123
消防	17,446	1.2	18,325	1.1	18,491	1.2	100	105	106
計	1,500,562	100.1	1,628,376	100.0	1,502,727	100.0	100	109	100

（出所）　各年次の総務省（自治省）『地方公共団体定員管理調査結果』をもとに筆者が作成。

3　総務事務集中化組織の現状

　総務事務集中化組織について、全国の状況を整理したものが図表6-3である。これまで述べたように、都道府県における総務事務集中化の流れは顕著なものがあり、全都道府県のうち半数以上の26道府県（55.3％）で総務事務の集中化組織が設置されている。静岡県が全国で最初に総務事務センターを開設したのが、2002（平成14）年であるから、1年間で3～4道府県がつぎからつぎに総務事務の集中化を行ったことになる。総務事務の集中化組織を設置している道府県のうち、総務部門が所管しているところは19（73.1％）、会計部門が5（19.2％）となっている。

　一方、都道府県に比べ、指定都市、中核市、特例市とも活発な動きとはいえない。指定都市である横浜市が2008（平成20）年4月に行政運営調整局内に庶務事務集中センターを、同年10月に大阪市が総務局内に総務事務センターを設置したばかりである。中核市、特例市においては、集中化の取り組みは、まだ顕在化していないのが現状である。この要因として、都道府県の場合、職員数が多いこと、出先機関が多いことなどから、市町村に比べ総務事務の集中化による定員削減効果への期待が大きかったものと考えられる。また、市町村では、一部の府県で見られるような総務事務の集中化のためのIT投資について、費用対効果の観点から二の足を踏むところもあったと思われる。

図表 6-3　総務事務集中化組織の状況（2008 年）

区分	総務事務の集中化組織		所管部局					
			総務部門		会計部門		その他	
	自治体数	割合(%)	自治体数	割合(%)	自治体数	割合(%)	自治体数	割合(%)
都道府県	26	55.3	19	73.1	5	19.2	2	7.7
指定都市	2	11.8	1	50.0	0	0.0	1	50.0
中核市	0	0.0	0	0.0	0	0.0	0	0.0
特例市	0	0.0	0	0.0	0	0.0	0	0.0
計	28	19.2	20	71.4	5	17.9	3	10.7

（出所）　各自治体の行政機構図などをもとに筆者が作成。

Case 1　アウトソーシングを導入した総務事務センター＝愛知県

　愛知県では、行財政改革の一環として 2002（平成 14）年 11 月に「内部管理業務プロセス改革プラン」を作成した。このプランでは改革の最終ステップとして「総務事務センター」の設置を位置づけた。この考えは 2005（平成 17）年に策定された「あいち行革大綱 2005」にも盛り込まれ、内部管理業務の改革の方針が示された。年次的な取り組みとしては、2003（平成 15）年に本庁各課の総務事務を主管課に集中化、2004（平成 16）年に内部管理業務に事務処理に係る各種情報システムの開発に着手し、2006（平成 18）年に総務事務センターの設置へと至る。

　総務事務センターは、図表 6-4 のとおり企画・管理グループ、給与・福利厚生グループ、教育給与・福利厚生グループ、旅費グループ、教育旅費グループの 5 グループで構成されている。また、県職員以外にもアウトソーサーを活用しており、アウトソーサーは、管理チーム、総務事務チーム（給与・福利厚生班、教育給与・福利厚生グループ、旅費グループ、教育旅費グループ）およびコールセンターにより総務事務センターを支えている。

図表 6-4　愛知県総務部総務事務センターの組織構成（2008 年）

```
総務部 ── 総務事務管理課＝ ┬── 企画・管理グループ
           総務事務センター  ├── 給与・福利厚生グループ
                            ├── 教育給与・福利厚生グループ
                            ├── 旅費グループ
                            └── 教育旅費グループ
```

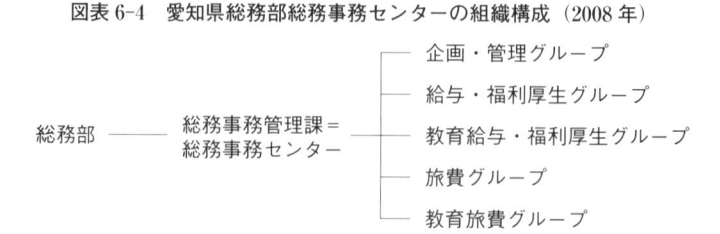

Case 2　紙ベースでの処理を中心に総務事務を集約化＝岩手県

　岩手県では、2004（平成 16）年に出納局内に総務事務センターを設置した。岩手県の総務事務センターは、基本的に従前の業務処理方法を大きく変更させることなく紙ベースでの処理を前提としながら全庁単位で集約化し、処理業務の効率化を図ったものである。その後、2006（平成 18）年に総務部に移管し、現在に至っている。岩手県の総務事務センターは、補償管理担当、厚生福利担当、共済給付担当、給与旅費担当、認定任用担当の 5 担当で構成され、正規職員以外に派遣会社からの派遣社員も事務処理を行っている。

図表 6-5　岩手県総務部総務事務センターの組織構成（2008 年）

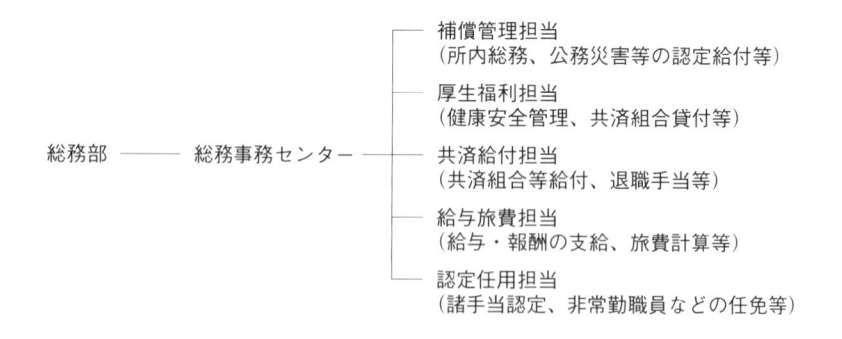

```
総務部 ── 総務事務センター ┬── 補償管理担当
                            │    （所内総務、公務災害等の認定給付等）
                            ├── 厚生福利担当
                            │    （健康安全管理、共済組合貸付等）
                            ├── 共済給付担当
                            │    （共済組合等給付、退職手当等）
                            ├── 給与旅費担当
                            │    （給与・報酬の支給、旅費計算等）
                            └── 認定任用担当
                                 （諸手当認定、非常勤職員などの任免等）
```

第2節　契約事務と検査事務の集中化組織

　地方自治体がその政策を実行するうえで、予算執行は予算編成や決算とともに欠かすことのできない業務である。予算執行をはじめとする財務事務については、地方自治法に詳しく規定されているが、実務上は各自治体が定める財務規則に基づいて事務処理がなされている。財務規則は、当該自治体の財務会計に関する基本的な事務処理基準であるといえる。財務事務は、財務規則を含めた関係法令に基づきを執行しなければならないことは当然である。

　近年、物品の調達事務や工事請負等契約事務については、入札契約制度改革等を背景として、特に適正な執行が求められている。なかでも入札から契約締結に至る事務と履行の確保のための検査業務は、高い専門性と豊富な業務知識が必要とされる。このため、全国の地方自治体では、契約や検査に関する事務処理の集中化を図るための専任組織の設置が顕著になっている。

1　契約事務・検査事務の集中化の沿革

(1) 契約事務の集中化

　地方自治体では、従来物品調達や工事請負契約事務について、原課（たとえば、物品を必要する課）が入札から契約まで一連の事務を処理していたケースが多かったものの、最近は特定の組織が集中処理する方式が採られるようになってきた。このような方式は、一般に契約事務の集中化（あるいは一元化）と呼ばれている。この背景には、大量反復事務の効率化、専門化が挙げられるとともに、発注部局と契約部局が異なることによる内部牽制の効果も期待されるものと思われる。

　物品の調達については、原課の要求に応じて、同一の課が入札、契約、納品検査を行なう集中化が多くの自治体で早くから取り組まれていた。たとえば、（財）日本都市センターの調査[5]では1975（昭和50）年にはす

でに「全部集中」の都市が82.6%を占めていた。ところが、最近では分散化が進み、同センターの調査では、2007（平成19）年には「一点集中」（全部集中と同義）の都市は27.9%に減少している。これは単価契約による物品購入が普及したことや迅速な対応が求められたことによるのではないかと考えられる。一方、ここ数年いくつかの自治体で物品の調達を巡って不適正な事務処理が発覚し、住民の行政に対する信頼を損なうこととなった。これらの自治体では、少額の物品であっても集中化の対象にすることや、出先機関において物品調達事務の集中化を図ることにより再発防止策を講じている。

(2) 検査事務の集中化

地方自治法の規定により、地方自治体が工事などの請負契約や物件の買入れその他の契約を締結した場合は、契約の適正な履行を確保するため、必要な監督・検査をしなければならないことになっている。特に、公共工事の検査については、契約金額も多額になることや、工期も長期にわたることなどから、多くの自治体ではしゅん工時の検査ばかりではなく、中間時の検査も実施することとしている。

発注機関の長（首長または出先機関の長）から下命を受けた検査員は、当該工事について、完成を確認するとともに、成績を評定することになる。その結果、契約に適合しない場合は手直しを求めることになる。工事成績の評点は、多くの自治体で最近導入されるようになった総合評価一般競争入札[6]において、評価項目の1つとなり、重要なものとなっている。

また、工事検査業務は、高度で専門的な知識と技能が求められるとともに、併せて「公共工事の品質確保の促進に関する法律」の制定に見られるように、公共工事の品質確保が重要な課題となっている。このようなことから、工事検査について、検査専任課を設置して当該課の工事検査員が検査業務を実施する、「検査事務の集中化」を採用している自治体が、近年増大している。たとえば、（財）日本都市センターの調査では1975（昭和50）年には「全部集中」を実施している都市は、42.9%であったが、2007（平成19）年には「一点集中」（1975年の「全部集中」と同義と思われる）の

都市は 67.0％と増大している。

2 集中化の現況

(1) 契約事務集中化組織

各種事務の集中化は、従前より全国の自治体で取り組まれてきたが、2008（平成 20）年における契約事務の集中化組織の状況は図表 6-6 のとおりである。特徴的なことは、都道府県においては、4 県（8.5％）が契約事務の集中化組織を設置しているに過ぎないが、指定都市で 16 市（94.1％）、中核市で 39 市（100％）、特例市で 38（88.4％）と極めて高い割合で集中化組織を設置している。また、契約事務の集中化組織の所管部局については、都道府県では、総務部門が 2 県（50％）、財政部門、会計部門とも各 1 県（25％）となっている。指定都市では、財政部門が 13 市（81.3％）、その他が 3 市（18.8％）、中核市では、財政部門が 20 市（51.3％）、総務部門が 14 市（35.9％）、土木部門が 3 市（7.7％）等、特例市では、財政部門が 19 市（50％）、総務部門が 17 市（44.7％）等となっている。

図表 6-6　契約事務の集中化組織の状況（2008 年）

区分	契約事務の集中化組織 自治体数	割合（％）	総務部門 自治体数	割合（％）	財政部門 自治体数	割合（％）	土木部門 自治体数	割合（％）	会計部門 自治体数	割合（％）	その他 自治体数	割合（％）
都道府県	4	8.5	2	50.0	1	25.0	0	0.0	1	25.0	0	0.0
指定都市	16	94.1	0	0.0	13	81.3	0	0.0	0	0.0	3	18.8
中核市	39	100	14	35.9	20	51.3	3	7.7	0	0.0	2	5.1
特例市	38	88.4	17	44.7	19	50.0	0	0.0	0	0.0	2	5.3
計	97	66.4	33	34.0	53	54.6	3	3.1	1	1.0	7	7.2

（出所）　各自治体の行政機構図をもとに筆者が作成。

総じて市役所においては、財政部門が所管するところが多いが、契約事務は財務事務の一部であることから、財務全般を所管する財政部門が最も適当であると判断されたものと考えられる。

Case 1　総務部に入札関係の3課を設置＝埼玉県

埼玉県では、2008（平成20）年の組織改正で入札事務の一層の透明性の確保や契約事務の効率化を図るため、総務部内に契約局長のもと、入札企画課、入札審査課、入札執行課の3課を新設し、1億円以上の建設工事、物品の入札審査などを一元的に処理することとした。

入札企画課では、建設工事に係る契約事務の企画調整、電子入札共同システムの管理運営、入札審査課では、建設工事の契約事務および進行状況に係る情報の管理、建設工事に係る競争入札の参加者の資格、物品等に係る競争入札の参加者の資格、入札執行課では、契約事務に係る企画および指導、特に指定された建設工事並びに設計、調査および測量の業務委託に係る入札、物品の調達を担当している。

図表6-7　埼玉県総務部契約局の組織構成（2008年）

総務部 ─── （契約局長） ┬─ 入札企画課
　　　　　　　　　　　　 ├─ 入札審査課
　　　　　　　　　　　　 └─ 入札執行課

Case 2　契約事務と検査事務を管財部で所管＝市川市（千葉県）

市川市については、1994（平成6）年に刊行された『市町村の実務と課題　契約課・管財課』において契約課の沿革が掲載されている。同市では、1963（昭和38）年の地方自治法の財務に関する規定の改正に呼応するように、翌1964（昭和39）年4月に財政課に用度係が設置され、物品の集中購入方式が採用された。同時に財政課管財係で工事および委託の契約のうち、契約締結事務だけを担当することとなり、契約事務の集中化が

図られた。1971（昭和46）年に財政課管財係は管財課管財係に改組され、1975（昭和50）年には指名審査会事務局が同課に移管されるとともに、工事、設計、測量などの入札参加資格審査申請書の受理事務を行なうこととなり、実質的な契約事務を担当するようになった。

1979（昭和54）年に管財課管財係は財産管理を行なう管財係と契約事務を取り扱う契約係に分離され、1982（昭和57）年8月に管財課契約係と財政課用度係が統合し、契約事務全般を所管する契約課が誕生した。その後、2004（平成16）年には管財課、契約課、業務監理課、設計監理課および検査課を擁する管財部が設置され、契約事務の集中化がさらに推進された。

図表6-8　市川市管財部の組織構成（2008年）

```
             ┌─ 管財課
             ├─ 契約課
             ├─ 業務監理課
管財部 ──────┤
             ├─ 設計監理課
             ├─ 公共施設耐震改修担当室
             └─ 検査課
```

(2) 検査事務集中化組織

2008（平成20）年における検査事務の集中化組織の設置状況は、図表6-9のとおり都道府県で26県（55.3％）、指定都市で11市（64.7％）、中核市で30市（76.9％）、特例市で39市（90.7％）といずれも過半数の自治体で集中組織を設置している。検査事務の集中化組織の所管部局については、都道府県では、土木部門が11県（42.3％）、会計部門が8県（30.8％）などとなっている。指定都市では、財政部門が9市（81.8％）、土木部門およびその他が各1市（9.1％）、中核市では、総務部門が11市（36.7％）、財政部門が10市（33.3％）等、特例市では、総務部門が25市（64.1％）、財

政部門が7市（17.9%）等となっている。都道府県では、集中化業務の対象は、工事検査が中心であることから、土木部門が所管するところが多数を占めている。

一方、市においては、総務部門や財政部門が所管するところが多いが、契約事務は財務事務の一部であるとの認識のもと、財務全般を所管する総務部門や財政部門が最も適当であると判断されたものと思われる。なお、山梨県町村会では、県内の町村の工事検査業務を同会が窓口となって県住宅供給公社に委託する事業に取り組んでいる。この事業がはじまった背景としては、町村では専門性の高い技術者が不足している実態があるなかで、公共工事については、精度の高い検査が求められようになったことが考えられる。委託事業の対象は、完成検査、出来高検査、設計照査であり、前二者については、1件の工事費が、土木工事で3,000万円以上、建築工事で5,000万円以上となっている。

図表6-9　検査事務の集中化組織の状況（2008年）

区分	検査事務の集中化組織 自治体数	割合(%)	所管部局 総務部門 自治体数	割合(%)	財政部門 自治体数	割合(%)	土木部門 自治体数	割合(%)	会計部門 自治体数	割合(%)	その他 自治体数	割合(%)
都道府県	26	55.3	5	19.2	1	3.8	11	42.3	8	30.8	1	3.8
指定都市	11	64.7	0	0.0	9	81.8	1	9.1	0	0.0	1	9.1
中核市	30	76.9	11	36.7	10	33.3	5	16.7	0	0.0	4	13.3
特例市	39	90.7	25	64.1	7	17.9	0	0.0	1	2.6	6	15.4
計	106	72.6	41	38.7	27	25.5	17	16.0	9	8.5	12	11.3

（出所）各自治体の行政機構図をもとに筆者が作成。

Case 1　出納局で工事検査を一元化＝徳島県

徳島県では、従来県土整備部工事検査課が農業土木部門、森林土木部門も含め、工事検査を一元的に所管していたが、2006（平成18）年の組織

改正により同課を出納局に移管した。同県の工事検査は、しゅん工検査、部分払検査、中間検査の3種であり、工事検査課に配置された工事検査員が検査にあたっている。なお、工事検査員は、総合出先機関である総合県民局にも配属されている。

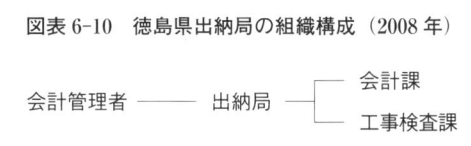

図表6-10 徳島県出納局の組織構成（2008年）

会計管理者 ── 出納局 ┬ 会計課
　　　　　　　　　　　└ 工事検査課

Case 2　部局から独立した検査室を設置＝宇都宮市

　宇都宮市では、部局とは独立した組織として検査室を設置している。検査室がどの部局にも属していないのは、公正な検査を確保するねらいによるものと考えられ、このような形態を採用している自治体は、宇都宮市以外に北九州市、岐阜市、下関市（山口県）、富士市（静岡県）、沼津市（静岡県）で見られる。同室では、建設工事に係る検査のほか、工事用材料の試験や建設業者の表彰に関すること等を所掌しており、室長以下10人の職員を配置している。

第3節　債権回収組織

　地方自治体の財政状況は、依然として危機的な状況であり、各自治体は財政再建に全力で取り組んでいる。財政再建の取り組みとして、歳出面では総人件費の削減や事務事業の見直しなどの改革を進めるとともに、歳入面では地方税等の徴収強化や未利用地の売却をはじめとした収入の確保に努めている。特に、三位一体改革により国税から地方税への税源移譲が進んだ結果、地方税などの自主財源の徴収対策はこれまで以上に重要となっている。

しかしながら、地方税をはじめとして住宅使用料、各種貸付金償還金などの債権の回収について、多くの地方自治体は苦慮しているといっても過言ではないだろう。このことは、自治体の監査報告書、あるいは包括外部監査人の報告書に、収入確保対策の強化を求める旨の指摘が、繰り返し登場することを見てもうかがい知ることができる。

　一方、公会計改革の流れが加速していることにも留意する必要がある。自治体のバランスシートを公表することにより、地方税などの未収金の実態が明らかになるとともに、総務省方式改訂モデルでは、未収金を地方税、その他、回収不能見込額に分類することが求められている。これらを通じて、住民は自治体の不良債権の総額を知ることができるようになると同時に、自治体は地方税などの未収金の回収に全力をあげることが要求される。地方税をはじめとした自治体の債権回収は、都道府県や市町村に共通で最優先して取り組むべき課題であり、各自治体が創意と工夫を凝らして取り組んでいる。

1　債権回収の一元化

　従来の自治体の債権回収においては、住民税や固定資産税などの地方税については税務担当課、国民健康保険料については国保担当課、保育料については保育所担当課など各担当課が個別に滞納整理を行なう方式が一般的であった。しかしながら、税務担当課のように徴収についての専門知識を有する職員を配置しているところは例外である。多くの部門では日常業務を行いながら、債権回収に取り組まざるを得ない状況で、しかも専門知識が十分でない職員が対応することを余儀なくされているのが実態である。その結果、滞納額が累増している状況にあり、滞納額の削減に向けて積極的な取り組みが求められている。

　このため、効果的な徴収体制の確立を図る観点から、東京都、浜松市（静岡県）、江戸川区（東京都）に見られるように、「債権管理条例」を制定し、債権管理の適正化を図っている自治体もある。また、一部の自治体では、高額な債権や徴収困難な案件を一元的に処理する組織体制を整備

する動きも現れている。さらに、滞納の実態把握や情報の共有化を図るため、東京都では全庁的な組織として副知事を座長とする「債権管理調整会議」が、奈良市では副市長を本部長とする「債権回収対策本部」が、それぞれ2008（平成20）年に設置されるなど庁内における横の連携により債権回収体制を強化する取り組みもはじまっている。

　全国の都道府県、指定都市、中核市および特例市における債権回収の一元化組織の設置状況は、図表6-11のとおり、指定都市で5市（29.4%）、中核市で1市（2.6%）、特例市で2市（4.7%）となっており、都道府県では見られない。債権回収の一元化の取り組みは、最近はじまったばかりであり、この動きは全国の自治体に広がるものと見込まれ、その動向に注目する必要がある。

　一元化組織が取り扱っている債権としては、地方税、国民健康保険料等の公課、その他住宅使用料など自治体の公金全般を対象としているところ

図表6-11　主な地方自治体の債権回収の一元化組織（2008年）

区分		債権回収対策組織	地方税	国民健康保険料	保育料	その他
指定都市	さいたま市	財政局税務部債権回収対策課	○	○	○	○
	川崎市	財政局財政部滞納債権対策室		○	○	○
	静岡市	財政局債権管理対策課	○	○		○
	浜松市	財務部債権回収対策課	○			○
	堺市	理財局債権回収対策室				○
中核市	岡山市	財政局料金課		○	○	
特例市	太田市	公金収納推進部	○	○		○
	八尾市	財務部債権管理課	○	○	○	○

（出所）　各自治体の行政機構図および行政組織規則をもとに筆者が作成。

が多い。他方で、川崎市や堺市のように、一元化組織は、国民健康保険料や保育料などの税外債権を担当し、市税については、税務部門が滞納整理を行っているところもある。

Case 1　債権管理条例を基盤として債権回収対策課を設置＝浜松市

浜松市では指定都市に移行した2007（平成19）年4月に財務部内に債権回収対策課を設置した。同課の分掌事務は、市税および国民健康保険料の徴収および滞納処分に関すること、未収債権の徴収および徴収に係る助言に関すること、未収債権に係る調査および総合調整に関すること、静岡県地方税滞納整理機構との連絡調整に関することとなっている。

同市では、合併以前は市税の滞納整理を強化するため、滞納整理特別対策室を設置し、累積する滞納繰越額の削減に成果を挙げてきた。しかし、周辺の12市町村と合併した2005（平成17）年7月には、累積滞納額は、73.9億円まで増大した。滞納繰越分は、徴収率が著しく低下することが一般的であり、徴収対策を推進するうえで大きな課題となっていた。このような中、2006（平成18）年に浜松市行財政改革推進審議会から提言を受け、組織横断的で専門的な組織として債権回収対策課を新設することとなった。同課では、滞納整理特別対策室で培った滞納整理技術を活用して高額な案件や徴収困難な案件に対応している。また、市税以外の国民健康保険料、保育料等の公債権やその他の債権についても、担当課から受託して債権回収にあたっている。

債権回収対策課の業務のバックボーンとなるのが、全国的にも先駆的な「浜松市債権管理条例」である。この条例は、2007（平成19）年12月に制定されたもので、全13条で構成されており、市税や公課からその他の債権まで市の債権全般の管理について、基本的な事項を定めている。

浜松市の先駆的な取り組みを可能にした要因として、同市の公会計改革の取り組みを見逃す訳にはいかない。2006（平成18）年3月に浜松市行財政改革推進審議会から「一般会計、特別会計、企業会計について、民間企業の会計方法の導入と会計基準の作成を行うこと」との答申を受け、同年5月に「浜松市新公会計制度研究会」を立ち上げた。同年11月に研究

会から浜松市に対し今後の取り組みの指針となる報告書が提出され、市では、翌12月には「公会計改革アクション・プラン」を策定・公表し、迅速に対応した。このアクション・プランでは、「わかりやすく包括的な市財政の開示」など9つの項目について、実施内容とスケジュールが示されている。このような取り組みと並行して、2007（平成19）年9月に公表された「浜松市の財政のすがた」では、回収不能見込額が貸借対照表上で明示され、その低減が課題として認識されるようになった。これら一連の公会計改革の取り組みが、組織横断的で専門的な組織としての債権回収対策課の設置へと結びついた。

Case 2　部長級職員を配置した債権回収対策室＝堺市

堺市では、2007（平成19）年4月に理財局に債権回収対策室を設置した。同室の分掌事務は、債権の徴収に係る事務の企画および指導に関すること、債権の徴収に係る関係部局との連絡調整に関すること、対策室が引き受けた債権の管理に関すること、引継滞納債権に係る回収の対策に関することとなっている。債権回収対策室が引継を受ける債権としては、災害援護貸付金の償還金に係る債権やし尿処理の手数料に係る債権など7債権に限定している。堺市の場合、室は部と同格で債権回収対策室長には部長級職員が配置されており、債権回収の重要度を高く認識している。

Case 3　部と同格の債権管理局を設置＝善通寺市（香川県）

善通寺市では、2005（平成17）年の組織改正により市税やその他の債権の徴収を一元的に担う債権管理局を設置した。設置の時期は、先の2市よりも早く、全国でも先進的な取り組みといえ、また同局の位置づけは、「部」と同格の「局」であり、すなわち市長の直近下位の組織として条例に基づく設置である。これらのことから同市が債権回収に対し、高い認識と期待を有していることがうかがえる。実際、市税や国民健康保険税の徴収率は上昇し、収入未済額もピーク時と比較すると約2億2千万円減少した。

債権管理局の分掌事務は、市税、都市計画税および国民健康保険税の賦

課徴収に関すること、後期高齢者医療保険料の徴収に関すること、滞納債権の管理および回収に関することとなっており、図表6-12のとおり税務課、債権管理第1課および債権管理第2課の3課で構成されている。債権管理第1課では主に市税等の滞納整理、債権管理第2課では市税等以外の滞納債権を担当しており、市役所プロパーに加え、国税庁や金融機関で徴収や債権回収の実務経験がある職員が配置されている。

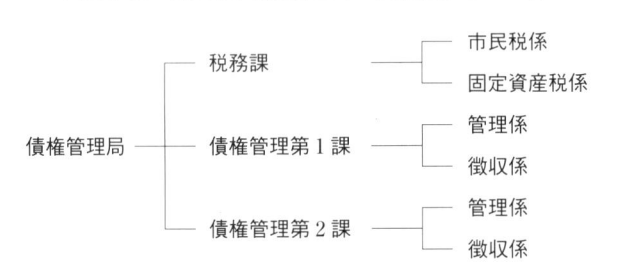

図表6-12　善通寺市債権管理局の組織構成（2008年）

```
                ┌─ 税務課 ───────┬─ 市民税係
                │                └─ 固定資産税係
債権管理局 ─────┼─ 債権管理第1課 ┬─ 管理係
                │                └─ 徴収係
                └─ 債権管理第2課 ┬─ 管理係
                                 └─ 徴収係
```

2　地方税の特別徴収組織

(1) 税務事務の概要

　地方自治体における税務組織は、税管理部門、課税部門および納税部門で構成され、その業務の流れは自治体により異なるところもあろうが、一般的には次のとおりである。

　まず、課税部門が調査により課税客体および課税標準額を把握し、税額を算定する。そして課税権者の決裁を経て納税義務者に納税の通知（告知）を行なう。同時に地方自治法第231条に基づき調定を行なう。ここまでが課税部門の業務である。

　税管理部門には、課税部門から課税データが送付されるとともに、納税義務者の納入データが納税窓口や金融機関から送られる。課税データを突き合わせることにより未納者が判明する。未納者に対しては地方税法およ

び自治体の税条例に基づき納期限後 20 日以内に督促状を送付する。督促状を発布するのは税管理部門の業務であり、同時に未納者の一覧表を納税部門に渡して引き継ぐ。

未納者の一覧表を受け取った納税部門は滞納者に対し納税の催告を文書、電話などさまざまな方法を駆使して行なう。それでも、納税が行なわれない場合、預金をはじめとする債権、不動産など滞納者が保有する財産の調査を行い、差押えに踏み切る。差し押さえた財産が、即現金化できないことも多いので、一定期間滞納者の納税を待つが、最終的には公売により現金化する。これを換価という。以上が納税部門の業務である。

(2) 全国の状況

近年地方税の滞納が、高額化、悪質化してきたため、従来の納税部門だけでは対応が困難になってきた。このため、特別のチームを編成して困難な案件に対処している自治体が多くなっている。当初は納税部門の 1 係程度であったが、現在では課や課と同レベルの室を設置しているところも少なくない。

全国の状況は、図表 6-13 のとおりであるが、すでに都道府県で 3 県 (6.4%)、指定都市で 11 市 (64.7%)、中核市で 7 市 (17.9%)、特例市で 9 市 (20.9%) が課や室レベルの特別徴収組織を設置している。名称は、機動整理課 (東京都)、特別滞納整理課 (福岡市)、高額滞納整理室 (千葉市)、徴収特別対策室 (青森市) といったように、それぞれの自治体の意気込みを示したものが多い。

また、都道府県では、地方税の収入未済額に占める個人住民税の比率が極めて高くなっており、市町村との連携が重要な課題となっている。このため、栃木県 (地方税徴収特別対策室)、長野県 (個人県民税対策室)、熊本県 (地方税徴収特別対策室) では、課内室レベルの組織を設置し、税収の確保にあたっている。

図表6-13　税の特別徴収組織の設置状況（2008年）

区　分	税の特別徴収組織を設置している自治体数	割合（％）
都道府県	3	6.4
指定都市	11	64.7
中核市	7	17.9
特例市	9	20.9
計	30	20.5

（出所）　各自治体の行政機構図をもとに筆者が作成。

Case 1　大口の滞納案件を扱う特別滞納整理課を設置 = 福岡市

　福岡市では、2005（平成17）年の組織改正により財政局税務部内に特別滞納整理課を新設した。同市では、市内7つの区役所にそれぞれ納税課、市民税課および固定資産税課が置かれ、税務事務を担当している。滞納整理についても、区役所の納税課が担うこととなっているが、高額な案件が増加するにつれ、専任組織の設置が必要とされ、特別滞納整理課が設置されることとなった。同課の主な分掌事務は、市税のうち滞納額が高額なものおよび滞納整理が困難なもの（高額滞納等市税）に係る徴収金の徴収に関すること、高額滞納等市税に係る徴収金の滞納処分に関することとなっており、具体的には500万円以上の滞納案件を担当している。

図表6-14　福岡市財政局税務部の組織構成（2008年）

```
                ┌─ 財政部
                │                    ┌─ 税制課
                │                    ├─ 指導課
                │                    ├─ 資産税課
財政局 ─────────┼─ 税務部 ───────────┼─ 法人納税課
                │                    ├─ 特別滞納整理課
                │                    ├─ 特別徴収課
                ├─ 技術監理部         └─ 法人課税課
                │
                └─ アセットマネジメント推進部
```

3　租税債権管理のための共同組織

　地方税のうち市町村税の徴収率は低下傾向にあり、滞納額も累増しつつあることから、府県や市町村が共同で一部事務組合や広域連合を設立して滞納整理に取り組む動きが2000年代になって広がりつつある。まず、2001（平成13）年の茨城租税債権管理機構を皮切りに、2004（平成16）年に三重地方税管理回収機構、2005（平成17）年に香川滞納整理推進機構、2006（平成18）年に愛媛地方税滞納整理機構、徳島県滞納整理機構、和歌山地方税回収機構、2008（平成20）年に静岡地方税滞納整理機構が設立されている。

　こうした動きの背景として、自治体規模の小さい市町村では、専門的な知識をもった職員数が少なく、差押えや公売などの滞納処分の執行が困難であるという実態があったことが挙げられる。市町村が単独で滞納整理を行なうよりも、専門的な組織による広域的な実施の効果が期待されている。

　これらの組織は、主に市町村税の滞納整理、市町村職員への実務研修、財産の差押、差押財産の公売を実施しており、県や市町村からの出向職員が中心であるが、国税OB職員を採用しているところもある。また、静岡県では、静岡県地方税機構を設け、地方税の賦課・徴収業務を共同で処理する仕組みをつくる構想が議論されている。

【注】

(1) 小島卓弥「行政アウトソーシング新事例第8回」『地方財務』2007年12月号、ぎょうせい、161頁。
(2) 園田智昭「シェアードサービスの管理会計」『企業会計』第59巻第3号、中央経済社、2007年、18頁。
(3) 菊永孝彦「日本版SOX法対応の決め手　シェアードサービス」『ソリューションIT』リックテレコム、2006年7月、46-48頁。
(4) 通常、自治体における職員数の増減は、退職者と新規採用者のバランスにより決定される。退職者とは、定年および自己都合によるものであり、民間企業のように労働者を解雇するリストラ策はとられていない。
(5) 1975年の調査については、(財) 日本都市センター編『新しい市役所事務機構』(1978年)、2007年の調査については、(財) 日本都市センター編『分権型社会の都市行政と組織改革に関する調査研究』(2008年) を参照した。
(6) 総合評価一般競争入札とは、入札における落札者の決定について、価格その他の条件を総合的に判断して、地方自治体にとって最も有利なものをもって申込みをした者を落札者とする方式であり、地方自治法施行令第167条の10の2に定められている。

第7章
多様化

第1節　自治体の組織階層

　地方自治体の行政機構図を眺めていると、自治体によって首長の直近下位の組織の名称や組織構成について、異なった傾向を示していることに気がつく。国の省庁の場合、「局―部―課」制が基本であるが、都道府県の場合、東京都では国と同様「局―部―課」制、道府県では「部―課」制を採るのが一般的であり、市町村の場合、指定都市では国や東京都と同様「局―課」制、中核市や特例市では「部―課」制、その他の市町村では「課」制を採用している例を多く目にする。ある自治体では局は部を包含するものであるが、別の自治体では部は局の上位に位置するというようなことに遭遇し、戸惑いを覚える人も多い。

　原田尚彦氏は、「現在、大都市自治体（指定都市）は、たいてい内部組織に局の名称を付し、局―部―課の三段階の組織を擁している。大都市行政は、広汎複雑であり、府県行政と市町村行政の性格をあわせもつため、部―課という二段階の機構では、十分対応できないので局制を採用しているものと考えられる。大都市が局制を採用するのは、県の組織との権衡よりみて、奇異な感がしないではない[1]」と論じている。地方自治体におけるこのような組織構成の差異は、どのような経緯によるものであろうか。

1　戦前の地方自治体の組織単位

(1) 都道府県における「部」「局」「課」

現在、多くの自治体では、組織の単位として「部」「局」「課」などを採用している。このような呼称は、何に由来するのであろうか。都道府県と市町村では、そのルーツは若干異なる。

明治政府は、1869（明治2）年の版籍奉還を経て1871（明治4）年の廃藩置県により藩制度を全廃し、3府72県を置いた。当時の府県の内部組織は、同年に制定された県治条例により、県令（県知事）のもと庶務課、聴訟課、租税課、出納課の4課を置くと規定されており[2]、これにより「課」という組織単位が統一的に用いられるようになった。

1886（明治19）年に地方官官制が制定され、府県の内部組織として、「第一部」「第二部」「収税部」「警察本部」が置かれることになり、ここで、はじめて「部」が府県の内部組織に登場した。地方官官制第24条に「部中便宜課ヲ設ケ」と規定され、部の直近下位に「課」を置くこととされた。これを受け、たとえば長野県では、第一部に議事課、文書課、農商課、庶務課の4課を設置した。その後、地方官官制は数回にわたり改正され、府県の内部組織は図表7-1に示した変遷をたどって、戦後の地方自治法に引き継がれる。

(2) 東京都における局制の採用

1943（昭和18）年に戦時体制における首都行政の一元化の要請から、「東京都制」（法律）が制定され、東京都が誕生する。東京都は、それまでの東京府と東京市が一体化したものであった。同時に、「東京都官制」（勅令）が定められ、内部組織として官房のほか「民生局」「教育局」「経済局」「計画局」「防衛局」「交通局」「水道局」「港湾局」の8局が設置された。東京都誕生前後の東京府、東京市および東京都の内部組織は、図表7-2のとおりであり、東京都の組織構成は、東京市のそれに近いことがわかる。東京都に局制が採用されたのは、東京市が局制を採っていたことによるものと考えられる。なお、明治の初期、すなわち三治の制による府県の設置

図表 7-1　地方官官制による府県の内部組織の主な推移

改正時期	都府県の内部組織
1890 年	①内務部②警察部③直税署④間税署⑤監獄署（知事官房）
1893 年	①内務部②警察部③収税部④監獄部（知事官房）
1903 年	①内務部②警察部（知事官房）
1905 年	①第一部②第二部③第三部④第四部（知事官房）
1907 年	①内務部②警察部（知事官房）
1926 年	①内務部②学務部③警察部（知事官房）
1935 年	①総務部②学務部③経済部④警察部（知事官房）
1942 年	①内政部②警察部（知事官房）
1943 年	①内政部②経済部③警察部（知事官房）

（出所）　各年の地方官官制をもとに筆者が作成。

図表 7-2　東京都制施行前後の東京府、東京市および東京都の行政組織（1943 年）

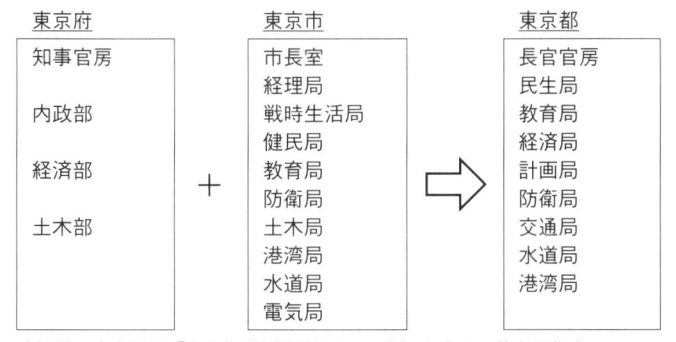

東京府
知事官房
内政部
経済部
土木部

＋

東京市
市長室
経理局
戦時生活局
健民局
教育局
防衛局
土木局
港湾局
水道局
電気局

⇒

東京都
長官官房
民生局
教育局
経済局
計画局
防衛局
交通局
水道局
港湾局

（出所）　東京都編『東京都職制沿革』（1996 年）をもとに筆者が作成。

から県治条例の制定までの数年間、京都府をはじめとしていくつかの府県では、市政局、郡政局などを置き局制を採用していた[3]。

(3) 市町村における組織単位

町村は、自然的集落である郷村制を基礎として江戸時代から存在した。明治政府は、1871（明治 4）年に戸籍法を制定し、戸籍事務の処理のため、

町村よりも広い区域を単位として「区」を置いた。しかしながら、戸籍事務を担当する戸長が一般行政も処理するようになった結果、江戸時代からの町村と区の間で混乱が生じるようになったため、明治政府は1878（明治11）年に「郡区町村編制法」を制定し、区制度の見直しを行った。郡区町村編制法により、府県の下に郡と区（市に相当）町村が置かれ、その名称はこれまで通りとされた。これにより戸籍法による区制度は廃止され、従来の町村が制度上認められることとなった。その後、1888（明治21）年に市制・町村制が制定され、市町村制度が近代的制度として整備されることになった。

　一方、明治政府は町村の行政機能を充実させるため、強力に合併を進め、町村数は、1888（明治21）年の71,314から1889（明治22）年には15,820とわずか1年間で5分の1に減少した。これが、いわゆる「明治の大合併」である。また、同年に市制が施行され、全国で39の市が誕生した。市町村の行政組織は、この当時から府県における地方官官制に見られるような国による統制は緩やかであり、市町村は比較的自由に組織編成を行なうことが可能だったと考えられる。

　名古屋市は、1889（明治22）年に市制を施行したが、当時の内部組織は、庶務課、議事課、戸籍課、学務衛生課、土木課、地理課、税務課、収入課の8課で構成され、収入課長は収入役が兼務していたが、その他の課長は、市書記が務めた。その後、1906（明治39）年に助役の定員を2名にするとともに、一部、二部を置き、部制を敷いた。また、椎葉村（宮崎県）は、村制を施行した1889（明治22）年には、書記4人体制で一課、二課、三課を設けていた。名古屋市は、当時から東京、大阪と並ぶわが国有数の大都市である。一方、椎葉村は、九州中央山地に位置し、平家落人の里として全国的に知られている山村である。日本三大秘境の地ともいわれ、交通事情が以前よりは改善されたとはいえ、現在でも県庁所在地の宮崎市から車で4時間を要する。この両自治体が、明治の初期に同じように課制を採っていたことに注目すべきである。

2　戦後の地方自治体の組織単位

(1) 都道府県

1947（昭和22）年5月に日本国憲法と同じ日に施行された地方自治法では、その第158条で都道府県における設置すべき局部と分掌事務を規定し、東京都では局制、道府県では部制を採ることが、法律で義務化された。これは、戦前の地方官官制、東京都官制などを継承したものであった。その後、同条は幾度となく改正された。

1947（昭和22）年12月には、警察部を知事の内部組織からはずすとともに、衛生部を新たに追加するなどの改正が行なわれた。1952（昭和27）年の改正では、道に9部、人口250万人以上の府県に8部、人口100万人以上250万人未満の府県に6部、人口100万未満の府県に4部設置することとなった。また、同年の改正では、都道府県知事は、条例で局部の名称または分掌事務を変更することや局部数を増減することが可能になったものの、第158条第2項で国の行政組織や他の都道府県の局部との権衡を失しないことや、変更にあたっての内閣総理大臣への届出が規定され、中央政府の束縛はなお大きなものがあった。

ついで1956（昭和31）年には、都道府県における設置すべき局部の法定数が示されるとともに、その局部の名称と分掌事務が例示される改正が行なわれた。たとえば、人口100万人以上250万人未満の府県では、6部置くものとされた。

1960年代から1970年代にかけては、都道府県の局部について、大きな議論はなかったが、1989（平成元）年12月の第2次臨時行政改革推進審議会による「国と地方の関係等に関する答申」において、「地方自治法に規定する都道府県の標準局部数を実態に応じて見直すとともに、局部の名称及び分掌する事務に係る例示を廃止し、組織の改編について弾力化を図る」とされた。この答申を受け、1991（平成3）年に「行政事務に関する国と地方の関係等の整理及び合理化に関する法律」により、地方自治法が改正され、局部の名称や分掌事務の例示が撤廃された。

1996（平成8）年には、地方分権推進委員会が第1次勧告のなかで、「都

道府県が法定の局部数を超えて局部を置く場合には自治大臣への協議が必要とされているが、この事前協議制を見直すものとする」と指摘し、翌1997（平成9）年の地方自治法の改正により、事前協議制から事前届出制へと改められた。なお、1999（平成11）年の自治省の調査によれば、法定局部数を超過して局部を設置している都道府県は、47都道府県中31都道府県および、平均超過部数は1.5であった。その後、2002（平成14）年には、地方分権改革推進会議から「都道府県の局部・分課に関する規制については、都道府県の自主組織権を尊重する観点から廃止する」よう指摘を受け、法定局部数制は2003（平成15）年の地方自治法の改正により廃止された。

　第2次世界大戦後、都道府県は完全自治体化されたといわれる。しかし、知事の直近の下部組織である「局」「部」については、地方自治法で細かく規定され、自由に組織設計できるようになったのは、21世紀に入ってからのことであった。たとえば、ある県が総務「部」ではなく、総務「局」を設置したいと考えたとしても、「自治法は、都に局を、道府県に部を設置することとしていることから、道府県に部相当の組織として局を設けることはできないものと解されている[4]」という国の通知により断念せざるを得ないのであった。

(2) 市町村

　地方自治法では当初から市町村の内部組織について、「条例で必要な部課を設けることができる」と定められていたが、その後の改正で、住民の福祉の増進および最少の経費で最大の効果をあげること、他の市町村との部課の組織との間に均衡を失しないこと（地方自治法第158条第7項）が追加されたたものの、具体的な編成基準を設けることはなかった。しかし、地方自治法第158条第7項では、「必要な部課」、「部課の組織」と「部課」が2回登場し、市町村においても府県と同様に組織単位の基本は部課であると認識されていたのではないかと考えられる。市町村の場合、戦前、戦後を通じて都道府県が課せられていたような制約は少なかったといえる。この理由として、市町村は、人口300万人を超える横浜市から1千人に満

たない村まで多様な自治体が存在すること、地理的条件や経済的条件がそれぞれ異なっていること、さらに都道府県ほど機関委任事務が多くなかったことなどから、一様に法定化することができなかったと考えられる。

市長会などで構成する（財）日本都市センターでは、1960年代半ばから約10年ごとに「市役所事務機構研究委員会」を設置して、市役所における適正な事務処理体制に関する研究を進めてきた。この研究会の報告書では、人口ごとの標準部課案を示しており、これが都道府県における標準局部に相当し、法的な拘束はなかったものの、市の組織編成に少なからず影響を与えたものと考えられる。また、第1次と第2次の研究会報告書では、組織単位の基本は「部」「課」としつつも、25万都市においては、「企画財政室」（第1次研究会）、「企画室」（第2次研究会）を示し、部相当の「室」を認めている点に留意すべきである。

3　地方自治体における組織階層

地方自治体の組織階層の基本は、都では「局―課」、道府県では「部―課」、指定都市は「局―課」、人口25万都市では「部―課」、10万都市では「部―課」、5万都市や町村では「課」であった。しかし、地方分権改革により都道府県の標準局部制は撤廃され、（財）日本都市センターの市役所事務機構研究委員会においてモデル案が提示されたのは、第3次までで1999（平成11）年に公表された第4次研究委員会の報告書では基本的な考え方が示されるに留まった。このようななかで、多くの自治体は自主組織権を発揮すべく、多様な組織設計をこころみるようになり、自治体の組織階層についても、多くの類型を採るようになった。たとえば、新潟県の場合、次の5つの類型を見ることができる。

① 部―課　　　（総務管理部財政課）
② 部―局―課　（総務管理部国体局県民スポーツ課）
③ 局―課　　　（交通政策局港湾振興課）
④ 局―室　　　（知事政策局政策評価室）
⑤ 部―室　　　（福祉保健部福祉・介護事業者指導室）

全体として見ると①の類型が基本であり、②～⑤の類型はどちらかというと例外的であるといえる。

　それでは、ほかの自治体の状況は、どうなっているだろうか。各自治体の基本的な組織階層を分類・整理したものが、図表7-3である。概括すると、まず基本的な組織階層でさえも8の類型があり、その多様さに驚かされる。都道府県では、最も原初的な類型である「部―課」制を採用しているところが37（78.7%）、「部―局―課」制が4（8.5%）となっている。その他の類型として、「部―室」（静岡県、三重県）「局―部―課」（東京都）「局―部―室」（広島県）「本部―課」（佐賀県）が採用されている。

　都道府県は地方官官制の制定以降約100年間にわたって「部―課」制が義務づけられていたが、「部」と「課」の間に「局」や「室」という中間的組織を置くところや、知事の直近下位の内部組織として「局」や「本部」を設置する県があらわれる。もちろん、東京都においては、1943（昭和18）年の東京都発足時から「局」制が東京都官制や地方自治法で義務付けられており、それが現在に至っている。[「局―部―課」制は1952（昭和27）年11月から]

　つぎに、指定都市では、14市（82.4%）が「局―部―課」制を採用しており、これが指定都市の組織階層のスタンダードであるといえる。戦前から東京、横浜、名古屋、京都、大阪、神戸は6大都市と呼ばれ、都市計画法などの特例が認められ、通常の市とは別格扱いであった。内部組織についても、府県のように法令上の制約がなく、「局―課」制を採用するところが多く、それが戦後も引き継がれ、現在に至っていると考えられる[5]。「部―課」制を採用しているところは、浜松市と新潟市の2市（11.8%）にしか過ぎないが、いずれも2007（平成19）年4月に指定都市に移行した市である。

　中核市については、「部―課」制を採用するところが、26市（66.7%）と最も多く、次いで「局―部―課」制は8市（20.5%）と指定都市よりも都道府県に近い傾向を示している。中核市で「局」制を採っている市は、指定都市移行を目指して準備しているところもあり、人口規模や財政規模が大きくなると、「局」制を採用する傾向にあると思われる。

特例市では、39市（90.7％）が「部─課」制を採用しており、「局─部─課」制を採用している市は、尼崎市のみである。尼崎市は特例市であるが、人口約46万人を擁し、中核市に匹敵する人口規模や財政規模を有している（なお、尼崎市は2009（平成21）年4月に中核市に移行した）。

図表7-3　自治体の基本的な組織構成（2008年）

区分	部─課 自治体数	部─課 割合(%)	部─局─課 自治体数	部─局─課 割合(%)	部─室─課 自治体数	部─室─課 割合(%)	部─室 自治体数	部─室 割合(%)	局─部─課 自治体数	局─部─課 割合(%)	局─課 自治体数	局─課 割合(%)	局─部─室 自治体数	局─部─室 割合(%)	本部─課 自治体数	本部─課 割合(%)
都道府県	37	78.7	4	8.5	1	2.1	2	4.3	1	2.1	0	0.0	1	2.1	1	2.1
指定都市	2	11.8	0	0.0	0	0.0	0	0	14	82.4	1	5.9	0	0.0	0	0.0
中核市	26	66.7	0	0.0	2	5.1	1	2.6	8	20.5	2	5.1	0	0.0	0	0.0
特例市	39	90.7	1	2.3	2	4.7	0	0	1	2.3	0	0.0	0	0.0	0	0.0
計	104	71.2	5	3.4	5	3.4	3	2.1	24	16.4	3	2.1	1	0.7	1	0.7

（出所）各自治体の行政機構図をもとに筆者が作成。

首長の直近下位の内部組織の基本単位については、図表7-4のとおりであるが、都道府県では「部」、指定都市では「局」、中核市および特例市では「部」を採用している自治体が最も多い。広島県では、知事の直近下位の組織は、「部」であったが、2008（平成20）年の組織改正で従来の「部」を大括り化し、幅広い視点での事業管理や組織運営を図るため、全国に先駆けて「局」制を導入した。「局」制の導入により県民や市町に対してわかりやすい組織となることが期待されるとしている。指定都市のうち、新潟市および浜松市は、2007（平成19）年4月に指定都市に移行したが、両市とも他の指定都市が「局」制を採っているのに対し、「部」制を敷いたことは、新たな動きであるといえよう。新潟市は、従前は、「局─部─課」という組織階層であったが、「局」制を廃止した理由として市民ニーズを的確に捉え、戦略的な政策決定を迅速に行なうため、組織のフラット化を図ったとしている。

図表7-4 直近下位の内部組織の基本単位（2008年）

区分	部 自治体数	部 割合(%)	局 自治体数	局 割合(%)	本部 自治体数	本部 割合(%)
都道府県	44	93.6	2	4.3	1	2.1
指定都市	2	11.8	15	88.2	0	0.0
中核市	29	74.4	10	25.6	0	0.0
特例市	42	97.7	1	2.3	0	0.0
計	117	80.1	28	19.2	1	0.7

（出所） 各自治体の行政機構図をもとに筆者が作成。

第2節　試験研究機関

　地方自治体の試験研究機関は、農業試験場や工業試験場をはじめとして明治時代以来の長い伝統を有し、農林水産業や工業など地域産業の振興や生活環境の保全に大きな役割を果たしてきた。最近では自治体シンクタンクと呼ばれる自治体の政策を主に研究対象とする組織も設置されるようになった。試験研究機関は、行政組織に位置づけられているものの、試験研究という特殊性ゆえに、通常の行政組織とは異質の存在として語られることが多い。

　行政改革の論議があるたびに、試験研究機関が俎上に載ることは珍しいことではない。その要因として、行政部門にとって試験研究機関の実情が見えにくいということがあるかも知れない。また、一般に試験研究機関の職員は、長期にわたって同一の所属に在籍することが多いことや、行政機関側・研究機関間で連携の意識が希薄なために、「溝」が横たわること等が指摘されている[6]。自治体を取り巻く状況が激変する中、自治体の試験研究機関も、柔軟に対応することが求められ、地方独立行政法人化など、これまでとは異なる多様な組織形態を模索している現状がある。

1　地方自治体の試験研究機関の役割と沿革

(1) 役割

　地方自治体の試験研究機関は、明治時代から農林水産業、工業などの地域産業の振興や生活環境の保全の研究拠点としての役割を果たしてきた。地域産業の振興については、各都道府県の農業試験場や工業試験場などが、国の試験研究機関や地元の大学等と連携を図りながら、地域の実情に即した試験研究を重ね、それを農業者、漁業者や林家さらには中小企業にフィードバックすることにより地域の産業の発展に貢献してきた。生活環境の保全については、都道府県や指定都市の衛生研究所などが、地域保健に関する総合的な調査研究や試験検査、地域保健関係者に対する研修指導を通じて地域の安全・安心の確保に寄与してきた。環境研究所は、水質や大気保全に関する研究を積み重ね、公害防止や環境保全に尽力してきた。

　1995（平成7）年に制定された科学技術基本法は、わが国の科学技術政策の基本的な枠組みを定めているが、このなかで地方自治体は、「国の施策に準じた施策及びその地方公共団体の区域の特性を生かした自主的な施策を策定し、及びこれを実施する責務を有する」とされ、多くの自治体が科学技術振興に関する方針を策定している。この方針を見ると試験研究機関は地域の科学技術振興の拠点としての役割が期待されていることが理解できる。

(2) 沿革

　地方自治体において、試験研究機関が設立されるようになったのはいつ頃からであろうか。まず、1893（明治26）年の国立農事試験場の設置を契機として、府県でも農事試験場設置の機運が高まり、1894（明治27）年に「府県農事試験場規程」、1899（明治32）年に「府県農事試験場国庫補助法」が制定され、府県農事試験場が各地で設立された。一方、工業系の試験研究機関は、1901（明治34）年に「府県郡市工業試験場及ヒ府県郡工業講習所規定」が定められ、その整備が促進された。1930（昭和5）年頃までには、ほとんどの府県で設置されるにようになり、1931（昭和6）

年の商工省の調査では、公立の工業関係試験研究機関は83となっている。

　第2次世界大戦後は、文部省の調査によると、1950（昭和25）年時点で419の公設試験研究機関が設置され、その内訳は農学系280、工学系108、医学系29などとなっている。農学系、工学系は戦前設置されたものが多いが、医学系は1948（昭和23）年に厚生省から各都道府県知事あてに出された「地方衛生研究所設置要綱」に関する通達に基づいて設置された衛生研究所が多い。1960（昭和35）年前後から公害問題が全国各地で顕在化するようになり、同じ時期に食品添加物の安全性など新たな問題が発生し、大気汚染や水質汚濁の調査、さらには公害監視を担う公害センター等の設置や衛生研究所の強化が進んだ。

　1980年代は、試験研究機関の組織再編や整理統合が進む一方で、海洋深層水研究所（高知県）、バイオテクノロジー研究所（岡山県）、食品加工研究所（富山県、青森県）等先端的分野や学際的分野の研究所が設立されるようになった。1990年代から2000年代にかけては、地方分権の動きに呼応したかのように、島根県中山間地域研究センター［1998（平成10）年設立］、青森市雪国学研究センター（2001年設立）、上越市創造行政研究所［2000（平成12）年設立］等、地域の実情に根ざした学際的研究機関や政策系調査研究機関の設立が目立つようになった。また、住民ニーズの多様化や複雑化、地方財政の悪化等を背景に、試験研究機関の統廃合、横断的組織の設置、地方独立行政法人化等の新しい動きも活発化している。

2　試験研究機関の現状

(1) 設置主体

都道府県

　全国の都道府県、指定都市、中核市および特例市において、図表7-5に示すとおり総数で380の試験研究機関の設置を見ることができる[7]。このうち、都道府県によって設置されたものは、325（85.5％）と大多数を占めており、しかも対象とする分野も農林水産系、工業系、衛生・環境

系と自然科学系全般にわたっている。都道府県で最も多くの試験研究機関を抱えるのは、北海道で26、最少は広島県の1である[8]。岩手県、東京都および鳥取県では、工業系試験研究機関が、地方独立行政法人に移行しており、これらは、すでに自治体の内部組織から切り離されている。

指定都市・中核市・特例市

指定都市等が設置する試験研究機関は、割合としては低く、対象とする分野も衛生や環境分野などに限られているが、指定都市では、すべての自治体で保健・環境系の機関を設置している。また、いくつかの市で内部組織として政策系の調査機関を設立するなど独自の取り組みも見られる。

市町村設置の試験研究機関が少ない理由としては、農業試験場や工業試験場等産業振興を目的に設置された試験研究機関は、戦前府県を中心に設置されたこと、また単独の市町村で試験研究機関を設置・運営することはコストがかかることなどによるものと考えられる。地方自治法では、都道府県の事務として、広域事務、連絡調整事務、補完事務が示されているが、産業振興を中心とする試験研究業務は、高度な技術力や専門的な能力を必要とすることから、補完事務として都道府県が実施するにふさわしい業務である。

(2) 対象分野ごとの状況

概況

試験研究機関について、学問分野を軸に分類すると、まず自然科学系と人文・社会科学系に分けることができる[9]。一般に試験研究機関といえば農業試験場や工業試験場等の自然科学系を想起するが、全国の380の試験研究機関のうち自然科学系は362(95.3％)と大多数を占めている。人文・社会科学系は16（4.2％）と極めて少なく、自然科学系と人文・社会科学系の双方の要素を併せ持つものは2機関[10]である。

自然科学系試験研究機関

　自然科学系試験研究機関は、さらに農林水産業系、工業系、保健・環境系などに細分化することができる[11]。農林水産業系試験研究機関は、全体で187となっており、そのほとんどは都道府県により設置されたものであるが、旭川市（北海道）、船橋市（千葉県）でも農業センターを設置して、地域の特性に応じた試験研究を行っている。また、農林水産業系は、さらに農業、畜産、林業、水産業と部門ごとに試験研究機関が設置されている例が多い。たとえば、和歌山県ではこれまでの農業試験場、林業試験場、水産試験場など個別の試験場を統合して新たに「農林水産技術総合センター」を設置したが、このような農林水産複合型も、全国で7例を数えることができ、同様に農業系機関と林業系機関を統合する農林複合型も8県に達している。

　工業系試験研究機関は、全体で67であり、その多くは都道府県設置のものであるが、市レベルでも、名古屋市、旭川市などに設置されている。ほとんどは、戦前からの工業試験場からの流れを引き継いだものであるが、醸造試験場（新潟県）、セラミックス研究所（岐阜県）、紙産業技術センター（高知県）、窯業技術センター（佐賀県、長崎県）のように地域の特色を強く出したものも設置されている。また、最近では、工業系、農林水産業系の双方の分野を兼ね備える食品加工を研究対象とする機関も北海道、青森県などに設置されている。

　衛生・環境系の試験研究機関については、衛生研究所が都道府県と指定都市すべてで設置されている。中核市においても12市（30.8％）で設置されている。市の設置率が比較的高いことは、他の分野では見られない特徴である。衛生分野の試験研究機関は、国が設立した国立衛生研究所と区別するため、地方衛生研究所と呼ばれているが、法律上必置ではないが、1948（昭和23）年以降、数回にわたって厚生省から都道府県知事および指定都市市長あてに出された通達を根拠に設置されたものである。また、衛生研究所は、地域保健法に基づいて1994（平成6）年に策定された「地域保健対策の推進に関する基本指針」で、「地域における科学的かつ技術的に中核となる機関」として明確に位置づけられており、保健所との連携

が必要とされている。このようなことから、保健所を設置する市においては、衛生研究所等の設置が進んだと考えられる。

図表7-5　自治体設置の試験研究機関の状況（2008年）

区分			都道府県	指定都市	中核市	特例市	計
自然科学	農林水産系	農業	52	1	4	1	58
		畜産	30	0	0	0	30
		水産業	49	0	0	0	49
		林業	30	0	0	0	30
		複合	15	0	0	0	15
		その他	5	0	0	0	5
		計	181	1	4	1	187
	工業系	工業	55	3	3	0	61
		その他	6	0	0	0	6
		計	61	3	3	0	67
	衛生・環境系	衛生・保健	13	7	5	1	26
		環境	15	2	2	0	19
		複合	32	10	5	0	47
		その他	6	0	0	0	6
		計	66	19	12	1	98
	その他		10	0	0	0	10
	合計		318	23	19	2	362
人文・社会科学	政策系		1	2	3	4	10
	その他		5	0	1	0	6
	合計		6	2	4	4	16
その他			1	0	1	0	2
総計			325	25	24	6	380

（出所）各自治体の行政機構図をもとに筆者が作成。

人文・社会科学系試験研究機関

人文・社会科学系の試験研究機関は、全体で16であり、自然科学系と比べて極めて少なく、自然科学系は、都道府県設置が主流であったのに対し、人文・社会科学系、特に政策系は市設置のものが目立つ。人文・社会科学系のなかでも、政策系の調査研究組織は、地方分権の進展を背景として、主に1990年代以降設置されるようになり、図表7-6に示すように、都道府県で1県、指定都市で2市、中核市で3市、特例市で4市において内部組織として置かれている。その他戸田市（埼玉県）、中野区（東京都）等でも設置されている。

このような政策系の機関は、自治体シンクタンクとも呼ばれ、総数としては決して多くはないものの、当該自治体の政策形成や職員の人材育成に寄与しているものと考えられる。なお、自治体シンクタンクには、内部組織として設置されるもの以外に、自治体が中心となって設立された財団法人・任意団体型や大学附置型等の類型が認められる。人文・社会科学系の試験研究機関は、図表7-7のように地域の個性を発揮した独自色の強いものが多い。

図表7-6　自治体シンクタンクの設置状況（2008年）

区分	設置自治体	組織名
都道府県	神奈川県	自治総合研究センター
指定都市	新潟市	都市政策研究所
	大阪市	市政研究所
中核市	宇都宮市（栃木県）	市政研究センター
	横須賀市（神奈川県）	都市政策研究所
	相模原市（神奈川県）	さがみはら都市みらい研究所
特例市	小田原市（神奈川県）	政策総合研究所
	上越市（新潟県）	創造行政研究所
	吹田市（大阪府）	まちづくり創造政策研究所
	豊中市（大阪府）	とよなか都市創造研究所

（出所）各自治体の行政機構図、ホームページなどをもとに筆者が作成。

図表7-7 人文科学・社会科学系の研究機関および学際的研究機関の設置状況（2008年）

機関名	設置自治体	所管部局	研究内容
アイヌ民族文化研究センター	北海道	環境生活部	アイヌ文化の調査研究
開拓記念館	北海道	環境生活部生活局	北海道の開拓その他の歴史に関する調査研究
産業開発研究所	大阪府	商工労働部	地域経済、都市経済に関する調査研究
美術工芸研究所	香川県	政策部	漆工などの美術工芸に関する調査研究
漆芸研究所	香川県	政策部	漆工芸の研究
幼児教育研究センター	久留米市	子育て支援部	幼児の保育などに関する調査研究
雪国学研究センター	青森市	都市整備部	雪国の生活・文化、産業・技術など雪に関する研究
中山間地域研究センター	島根県	地域振興部	中山間地域の振興に関する総合的な調査研究

（出所）各自治体の行政機構図、ホームページなどをもとに筆者が作成。
（注）自治体シンクタンクは除いた。

3 試験研究機関における組織改革の動向

(1) 概況

　自治体の試験研究機関は、対象分野、機能、設立経緯など多様であるが、産業構造、住民ニーズや自治体を取り巻く環境が変化するなか、その組織のあり方についても、多くの議論が展開され、変革を迫られている。最近における試験研究機関の組織改革は、試験研究機関の統合、総合調整組織の設置、地方独立行政法人への移行の3点に集約することができる。

(2) 試験研究機関の統合

　試験研究機関の統合は、これまでも研究機能の集中化や組織の一体化による研究体制の強化を目的として実施されてきた。たとえば、1980年代から1990年代にかけては、福井県、徳島県、福岡県、岩手県など多くの都道府県で取り組まれてきたが、この時期の特徴は、農林水産業系あるいは工業系のなかでの統合であり、施設のリニューアル化に併せて組織を統合したという側面もある。2000年代も、試験研究機関の統合は相次いでおり、同一系のなかでの統合が主流であるが、中には広島県のように工業系、農林水産業系および衛生・環境系をすべて統合したところもあり、新しい動きとして注目されている。

Case 1　すべての試験研究機関を統合＝広島県

　自治体のすべての試験研究機関を一の組織に統合した例として、広島県が挙げられる。同県では、県立試験研究機関について、分野を横断した取り組みや行政との連携による総合的問題解決の必要性から、広島県研究開発推進会議でそのあり方を検討し、2003（平成15）年11月に報告がとりまとめられた。同報告書のなかで、一元的管理組織の設置が盛り込まれ、2004（平成16）年の組織改正で総務企画部に試験研究機関の調整組織として研究開発総括監のもと研究開発推進室が設置され、8の試験研究機関が総務企画部所管となった。

　2006（平成18）年の部の再編により政策企画部に研究開発局が設置され、組織体制の強化が図られた。2007（平成19）年に既存の技術領域にとらわれない戦略的な研究開発を進めるため、知事部局内のすべての試験研究機関を統合した「総合技術研究所」を新設した。総合技術研究所の所長は、「最高研究責任者」として外部から民間研究所長経験者を登用している。なお、商工労働局所管の産業科学技術研究所は、公の施設として位置づけられており、指定管理者が管理運営している。

図表 7-8　広島県総合技術研究所の組織構成（2008 年）

```
                        ┬── 保健環境センター
                        ├── 食品工業技術センター
                        ├── 西部工業技術センター
                        ├── 東部工業技術センター
総合技術研究所 ─────────┤
                        ├── 農業技術センター
                        ├── 畜産技術センター
                        ├── 水産海洋技術センター
                        └── 林業技術センター
```

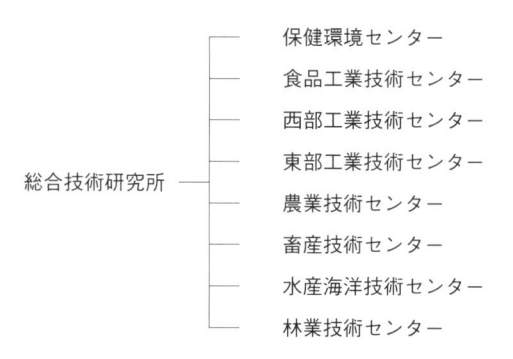

Case 2　14 の試験研究機関を 3 機関に統合＝愛媛県

　愛媛県では、2005（平成 17）年から試験研究機関の取り巻く状況を踏まえ、その果たすべき役割や組織のあり方について検討してきた。そして、2008（平成 20）年の組織改正で大幅な組織再編を行った。それまでの①衛生環境研究所、②工業技術センター、③繊維産業試験場、④紙産業試験場、⑤窯業試験場、⑥建設研究所、⑦農業試験場、⑧果樹試験場、⑨畜産試験場、⑩養鶏試験場、⑪林業技術センター、⑫水産試験場、⑬中予水産試験場、⑭魚病指導センターの 14 機関を、①衛生環境研究所、②産業技術研究所、③農林水産総合研究センターの 3 機関に統廃合したのである。

図表 7-9　愛媛県の試験研究機関の組織構成（2008 年）

保健福祉部	──	衛生環境研究所	
経済労働部	──	産業技術研究所	（企画管理、技術開発、食品、繊維、紙、窯業、建設）
農林水産部	──	農林水産総合研究センター	（企画管理、農業、果樹、畜産、林業、水産）

(3) 試験研究機関の総合調整組織

多くの都道府県では、試験研究機関の所管部局は一元化されておらず、その機関と関わりの深い部局が所管部局となるのが一般的であった。しかし近年になって、試験研究機関の総合調整を行なう専任組織を本庁内に設置するところが出てきた。これは、当該自治体の科学技術政策を立案するとともに、機関横断的な事案に対して総合調整の必要性が認識されるようになったためであると思われる。

図表7-10のとおり、10県（21.3％）で総合調整組織が設置されているが、その組織と試験研究機関との関係は、次の3類型に区分される。第1は、企画系統の部局が総合調整を担うとともに、すべての試験研究機関を所管するもので、岐阜県、広島県、長崎県および秋田県が該当する。第2は、産業系の部が、総合調整を担い、農林水産業系および工業系を所管するもので、静岡県、高知県がこれに当たる。第3は、企画系統の部局が総合調整を担うが、各試験研究機関は関係する部局が所管するもので、秋田県、茨城県、群馬県、神奈川県がこの類型である。

図表7-10　試験研究機関の総合調整組織（2008年）

県名	専任組織	試験研究機関の所管部局
秋田県	学術国際部科学技術課	学術国際部
茨城県	企画部企画課	各部
群馬県	企画部企画課科学技術振興室	各部
神奈川県	企画部政策課科学技術・大学連携室	各部
岐阜県	総合企画部研究開発課	総合企画部
静岡県	産業部振興局研究調整室	産業部（産業系のみ）
広島県	企画振興局研究開発部研究開発課	企画振興局
高知県	産業技術部産業技術振興課	産業技術部（産業系のみ）
長崎県	科学技術振興局科学技術振興課	科学技術振興局
沖縄県	企画部科学技術振興課	企画部（産業系のみ）

（出所）　各自治体の行政機構図をもとに筆者が作成。

(4) 地方独立行政法人

　地方独立行政法人制度は、自治体が、試験研究、大学の設置・管理、公営企業相当事業や社会福祉事業の経営など一定の業務について、自治体とは別の法人格を持つ団体（＝地方独立行政法人）を設立し、自律的で弾力的な業務運営を可能にするとともに、その業務の実績について、第三者委員会が適切に事後評価を行なうことにより、業務の効率性やサービス水準の向上を図ることを目的として創設されたもので、根拠法である地方独立行政法人法は、2004（平成16）年から施行されている。地方独立行政法人は、役職員に地方公務員の身分を与える特定地方独立行政法人とそれ以外の一般地方独立行政法人に分かれる。公立大学の多くは、公立大学法人（大学の設置・管理を行なう地方独立行政法人）に移行しているが、それ以外の導入事例は少ない。

　自治体の試験研究機関の改革方向としては、地方独立行政法人化は選択肢の1つであると考えられる。だが、図表7-11のとおり、岩手県、東京都、鳥取県および大阪市で導入されているのみであり、しかも工業系の試験研究機関に限定されている。他方、いくつかの自治体では試験研究機関の地方独立行政法人化を目指し、検討が進められている。

図表7-11　地方独立行政法人（試験研究）の概要（2008年）

法人名	設立年度	対象分野	備考
岩手県工業技術センター	2006	工業系	特定型
東京都産業技術研究センター	2006	工業系	一般型
鳥取県産業技術センター	2007	工業系	特定型
大阪市工業研究所	2008	工業系	一般型

（出所）　各自治体のホームページなどをもとに筆者が作成。

第3節　特色ある組織

　1969（昭和44）年に松戸市（千葉県）に「すぐやる課」が設置されて40年が経過した。「すぐやる課」は、ユニークな組織として全国的に注目が寄せられ、その後、世田谷区（東京都）、島田市（静岡県）など追随するところもあらわれた。「すぐやる課」は、「すぐにやらなければならないもので、すぐにやり得るものは、すぐにやります」をモットーに市民からの数々の要望に応えてきた。「すぐやる課」のユニークさは、その名称のわかりやすさにあると同時に、業務の先進性にある。同課の業務は、「市政についての要望等の緊急処理及び連絡に関すること」である。

　端的な名称は市民から好評を博したといわれている。また、市民目線に立ち「要望等についての緊急処理」という業務を担当するセクションを市の行政組織に明確に位置づけたことは画期的なことである。地方自治体の特色ある組織は、松戸市の「すぐやる課」ばかりではなく、1990年代から2000年代にかけて多くの自治体で登場するようになり、その内容は多様性にあふれている。これらの組織は、行政をいかにして住民にとって身近なものにするか、自治体の独自性をいかに発揮するか、あるいは住民からの要請にいかに応えるかという視点から設計されている。

1　特色ある組織の類型

　全国の地方自治体の行政機構図などから組織の名称や業務が独特で他の自治体ではあまり見られないものを、特色ある組織としてピックアップし、いくつかの類型に区分する。

(1)　自治体名付与型

　自治体名付与型とは、組織の名称に当該自治体名を盛り込むものである。自治体名を強調することにより他の自治体との差別化を図ろうとする目的があるものと考えられる。また、自治体の物産、観光、ブランド、さ

らには政策を売り出そうとするときにこのような組織が設置されることが多い。ブランド推進組織で自治体名が付与されているものとして、徳島県の「とくしまブランド戦略課」（農林水産部）、大分の「おおいたブランド推進課」（農林水産部）が挙げられる。観光をはじめとして県全体の情報発信力を高めるため、宮崎県には「みやざきアピール課」（商工観光労働部）、鹿児島県には「かごしまPR課」（商工観光労働部）が設置されている。環境分野や保健分野でも、山形県の「健康やまがた推進室」（健康福祉部）、大分県の「ごみゼロおおいた推進室」（生活環境部）のように自治体の独自性を強調する場合にこのタイプが登場している。

　その他、奈良県の「ならの魅力創造課」（地域振興部）、三重県の「美し国おこし・三重推進室」（政策部）、宮城県の「富県宮城推進室」（経済商工観光部）といった例も見られる。この類型では「とくしまブランド戦略課」、「かごしまPR課」、「ならの魅力創造課」のように自治体名にひらがなが使用されることが多い。漢字ではなくひらがなを用いることにより独自性が強調される効果が期待できるものと考えられる。また、自治体名付与型は市よりも県レベルでよく見られるところであり、長崎市では「ながさきの食推進室」（水産農林部）、鹿児島市では「かごしまプロモーション室」（商工観光部）が設置されている。

(2) 特定品目強調型

　特定品目強調型とは、組織の名称に特定の農林水産物（りんご、茶、米等）を掲げるものである。盛り込まれた農林水産物は当該自治体の代表的な品目であることが多く、そこに住む人ばかりではなく、地域外の人にとってもわかりやすい。その組織がどのような業務を担当しているか一目瞭然である。りんごの産出額が632億円で日本一の青森県ではりんごの生産振興を推進するため、「りんご果樹課」（農林水産部）、同様に青森市には「りんご支援室」（農林水産部）が設置されている。

　スギの素材生産量日本一を誇る宮崎県は「みやざきスギ活用推進室」（環境森林部）を置いている。静岡県は産出額日本一の茶や日本で第3位のみかんの振興を担当する「お茶室」や「みかん園芸室」を設置している。同

県の島田市では「お茶がんばる課」(環境経済部)が茶の生産振興に取り組んでいる。群馬県にはきのこ等特用林産物の振興を進める「きのこ普及室」(環境森林部)や「蚕糸園芸課」(農政部)が置かれている。武雄市(佐賀県)では「レモングラス課」がレモングラスを活用した特産品づくりを推進し、「いのしし課」がいのししを使った特産品開発や鳥獣保護・被害対策に取り組んでいる。

(3) 特定地域振興対策型

自治体にとって地域の均衡ある発展を図る観点から、中山間地域、過疎地、離島などの振興対策を進めることは重要なことである。地域振興対策は、地域振興課といった組織が担当するのが一般的であるが、具体的な地域名を盛り込んだ組織を設置している自治体もある。このような組織は対象とする地域が明瞭になり、自治体の姿勢を強く打ち出すことができる。

三重県では、東紀州地域の地域振興を推進するため、「東紀州対策局」(政策部)が設置されている。東紀州対策局は東紀州対策の総合調整に取り組む「東紀州対策室」と東紀州の観光まちづくりの振興を担当する「東紀州対策プロジェクト」で構成されている。三重県でプロジェクトという組織単位は部局の事務のうち特定の業務を行なうとされている。熊本県には「川辺川ダム総合対策課」(地域振興部)が建設を巡って多くの論議を巻き起こした川辺川ダム事業に関する総合調整や五木村等の地域振興を担当している。

指定都市や中核市、特例市では、都市開発の対象地域名を盛り込んだ組織がよく見られる。神戸市の「浜山都市整備課」(都市計画総局)、広島市の「段原再開発部」(都市活性化局)や「西風新都市整備部」(都市整備局)等である。駅周辺の再開発を所管する沼津市の「沼津駅周辺整備事務局」(都市計画部)や静岡市の「東静岡駅周辺整備課」(都市局)等もこの類型に位置づけられるであろう。ハード面ばかりではなくソフト面も含めて地域振興を図るため、北九州市には門司港レトロを担当する「門司港レトロ室」(産業経済局)が設置されている。門司港レトロとは明治から大正時代の建造物を核としてホテル・商業施設をレトロ調に整備したJR門司港

駅周辺地域の観光スポットである。同室は門司港レトロの観光施設の管理運営や広報宣伝、観光客誘致を所掌する企画振興課および門司港レトロにおける観光施設の整備を担当する開発調整課で構成されている。

　環境部門において、当該自治体のシンボルとなっている地域を対象として環境対策を重点的に推進するため、専任の担当組織を設置する例が見られる。具体的には、佐賀県では「有明海再生・自然環境課」（くらし環境本部）が有明海の再生へ向けて水質保全と自然環境の保護に取り組んでいる。川崎市では「多摩川施策推進課」（環境局緑政部）が多摩川プランの推進をはじめとして多摩川に関する施策を総合的に進めている。

　特定地域とは自治体内の一部地域とイメージしがちであるが、滋賀県の「琵琶湖環境部」や富山県の「国際・日本海政策課」（観光・地域振興局）のようにスケールの大きい例もある。琵琶湖環境部は、琵琶湖が滋賀県民にとって生活、産業、文化など多くの分野で欠かすのできない存在であることから、琵琶湖の環境保全を推進する観点から、国の省庁の縦割行政を越えて設置されたもので、環境政策課、水政課、琵琶湖再生課、森林政策課など8課で構成され、琵琶湖に関する施策を総合的に展開している。また、同県には「琵琶湖レジャー対策室」（琵琶湖環境部）、「琵琶湖不法占用対策室」（土木交通部）といった琵琶湖を冠した組織が目立つことが特徴として挙げられる。富山県の「国際・日本海政策課」は、同県が中国、韓国等環日本海地域と深い関わりを有することから、環日本海地域との交流拠点づくりを目指す日本海ミュージアム構想や日本海学の推進に取り組んでいる。

(4) 特定産業振興型

　日本経済が低迷し、雇用状況が悪化するなかで、地域産業の振興は全国の自治体にとって共通の課題である。各自治体で地理的条件や自然的条件が違うように、自治体が振興の対象とする産業は異なる場合が多い。農林水産業など第1次産業分野はもとより、第2次産業や第3次産業でも、地域特性に応じて自治体の独自性が強く発揮されることがあり、それが自治体組織にも反映される。このように独自の産業振興を打ち出した組織を特

定産業振興型として類型化できる。特定産業振興型は大きくは2つのタイプに分類することができる。

第1に、伝統産業振興型で明治時代以前からある地域の伝統産業を保護・育成し、それを核として地域産業の拡大を図っていこうとするものである。石川県には文字通りの「伝統産業振興室」（商工労働部）が設置され、九谷焼や輪島塗に代表される伝統的工芸品産業の活性化を図っている。同様に金沢市にも「伝統工芸産業振興室」（産業局）が置かれている。富山県は古くから薬業がさかんな地域であるが、「くすり政策課」（厚生部）を設置し、薬業の振興を推進している。京都府では、「京都府伝統と文化のものづくり産業振興条例」に基づき、「染織・工芸課」（商工労働観光部）が伝統産業の振興や支援を行っている。

第2に、新産業振興型である。各自治体は日本経済が減速する中、新たな成長産業を誘致・振興し、地域経済の立て直しを図ろうとしている。大阪府では「新エネルギー産業課」（商工労働部）が太陽光発電や水素・燃料電池の振興を図るとともに、「バイオ振興課」（商工労働部）が産学官の連携によるバイオクラスターの形成を促進し、バイオ産業の振興を進めている。佐賀県でも「新エネルギー産業振興課」（農林水産商工本部）が設置され、太陽電池関連産業の振興を図っている。金沢市では「まちなかビジネス振興室」や「ファッション産業振興室」（いずれも産業局）が設置され、中心市街地の再生やファッション産業の誘致に取り組んでいる。神戸市では「医療産業都市構想推進室」（企画調整局）が21世紀の成長産業である医療産業の集積を進めている。その他広島県では「新産業課」（商工労働局）、沖縄県では「新産業振興課」（観光商工部）、久留米市では「新産業創出支援課」（商工労働部）など地域の新たな産業おこしへ向けての動きがはじまっている。

(5) カタカナ・ひらがな活用型

明治時代以降、行政組織の名称は漢字を用いることが一般的であったが、第2次世界大戦後次第にカタカナやひらがなも活用されるようになった。現在では各自治体に数課程度はカタカナやひらがなを織り込んだ組織

が設置されているのではないだろうか。カタカナやひらがなを組織名に使用するメリットとしては、住民にとってとかく固い印象のある行政組織に柔らかいイメージをもたらすことができ、住民から親しみを持たれやすいことである。

　1960年代末に登場した松戸市の「すぐやる課」は課名にひらがなを用いた先駆的な事例であり、その業務とも相まって市民に親近感を与えることに成功した例であるといえる。カタカナ活用型（漢字併用含む）は、さいたま市の「コミュニティ課」（市民局）、千葉市の「グリーンビレッジ推進課」（経済農政局）、北九州市の「シティプロモーション部」（企画文化局）、福井市の「コンパクトシティ推進室」（都市戦略部）、柏市の「ホームタウン推進室」（企画部）がある。カタカナは斬新なイメージを与える効果があり、新しい政策を打ち出す際に外来語が用いられることが多く、カタカナ表記の施策をそのまま組織名に適用したケースが多い。

　ひらがな活用型の自治体組織は、観光部門や地域振興部門などで見られる。観光部門の例として、プロスポーツを活用してにぎわい創出を推進する徳島県の「にぎわいづくり課」（商工労働部）やおもてなしの心で観光客を迎える県民運動を推進する高知県の「おもてなし課」（観光部）が挙げられる。地域振興部門としては、宇都宮市の「みんなでまちづくり課」（自治振興部）、和歌山市の「まちおこし部」（まちづくり局）、川崎市の「まちづくり局」、草加市の「みんなでまちづくり課」（自治文化部）がある。那覇市の「ちゃーがんじゅう課」（健康福祉部）は、いつまでもお元気でという沖縄の方言を取り入れたもので、高齢者の在宅福祉や施設福祉に関する相談業務を担当している。

　ひらがな・漢字併用型は、福祉部門や生活部門で見られ、下関市の「いきいき支援課」（福祉部）、青森市の「しあわせ相談室」（健康福祉部）、前橋市の「いきいき生活課」（市民部）、太田市の「生活そうだん課」（市民生活部）、「元気おとしより課」（福祉こども部）がある。同じく福祉部門には、ひらがな・カタカナ併用型として、北九州市に「いのちをつなぐネットワーク推進課」（保健福祉部）、高知県に「まんが・コンテンツ課」（生活文化部）が設置されている。

近年では「IT推進課」(大阪府)に代表されるようにアルファベットを用いた自治体組織も登場するようになった。IT担当課以外に鹿児島県の「かごしまPR課」(商工観光労働部)や宇都宮市の「LRT導入推進室」(総合政策部)の例がある。カタカナ・ひらがな活用型組織は住民と直接対応する部門や地域イメージを発信する部門に多く見られ、内部管理部門にはほとんど設置されていないことも特徴の1つである。

(6) その他

以上の類型に該当しない特色ある自治体組織が数多く見られる。いずれも地域の課題を解決しようとする自治体の意気込みが感じとられ、こうした組織を知ることにより地域の抱える問題や自治体の活性化戦略等を把握することが可能となる。

放置自転車対策

都市部の自治体が頭を悩ます問題の1つに放置自転車対策がある。放置自転車とは、駐輪場など許可された場所以外に駐輪された自転車のことである。特に、鉄道駅の周辺部に放置されるケースが多く見られ、放置自転車が歩行者や自動車の妨げになっている。このため、自治体では放置自転車対策に関する条例の制定等により対応している。専任の組織として、千葉市の「自転車対策課」(建設局)、横浜市の「交通安全・放置自転車課」(道路局)、福岡市の「自転車対策課」(道路経済局)があり、明石市の「放置自転車対策課」(土木部)は組織の役割を課名に明確に表している。

アジア戦略

日本国内の経済が低迷するなか、民間企業は、中国、インド、ベトナム等アジア諸国をターゲットとして経営戦略を構築している。これらの諸国の経済成長率は中国の8.7%、インドの7.2%など、日本のマイナス5.2%と比べて著しく高く、日本の企業は工場等の生産拠点の移転、富裕層を対象とした商品開発や輸出促進に取り組んでいる。地方自治体も、地域経済の活性化の観点から独自のアジア戦略を構築し、地元企業のアジアでのビ

ジネス展開に対する支援やアジアからの企業誘致を進めている。川崎市では「国際経済・アジア起業家支援室」(経済労働局)、神戸市では「中国アジア経済課」(産業振興局)、福岡市では「国際経済部」(経済振興局)を設置し、各自治体のアジア戦略を推進している。

基地対策

日本における米軍施設は、全国13都道県に所在し、総面積は3万1千ヘクタールとなっている。米軍施設は住民の生活環境など多くの面で地元の自治体と深い関わり合いを有しており、自治体は米軍との折衝部門が必要とされる。在日米軍施設の73.4％が所在する沖縄県では「基地対策課」(知事公室)が基地対策や返還問題に取り組み、横浜市では「基地対策部」、佐世保市(長崎県)では「基地政策局」が設置されている。その他、大和市(神奈川県)、横須賀市(神奈川県)でも「基地対策課」が置かれている。東京都では「基地対策部」(知事本局)が米軍基地対策を所掌し、相模原市では「渉外課」(企画財政局)が米軍基地対策とともに国際平和関係の業務に取り組んでいる。

環境問題

地球温暖化の問題が提起されて久しく、米国や中国などの思惑により二酸化炭素排出削減へ向けた各国の足並みは依然として揃っていない。しかしながら、日本の自治体は地域で地球温暖化対策など環境問題に着実に取り組んでいる。日本では環境問題への対応は住民に身近な自治体が国に先んじて取り組んできた歴史がある。

1960年代から1970年代初頭にかけて公害問題が顕在化した時代は「公害課」が多くの自治体に設置されたが、その後自然環境に関する業務が加わり、「環境保全課」となった。産業廃棄物やリサイクルなどの廃棄物処理問題がクローズアップされ、循環型社会が提唱されるようになった。2000年代当初は稀有な存在であった「循環型社会推進課」が今や珍しい組織ではなくなった。環境部門での特色ある組織として、岐阜県の「不法投棄監視課」(環境生活部)がある。廃棄物の不法投棄を監視するための

専門の組織は全国的にも珍しい。奈良市で清掃業務に取り組むのは「環境清美部」である。地域を「清」く、「美」しくしようという願いが込められているのであろう。環境問題への関心が高まるとともに、消費者は食に対して安全・安心を求めるようになった。このため、有機農業を推進する環境保全型農業が提唱され、山形県では「エコ農業推進課」（農林水産部）、高知県では「環境農業推進課」（農業振興部）といった専任の担当組織を設置して取り組んでいる。

テレビ番組等への対応

　自治体の知名度を高め、観光客の誘客を図る施策の１つにテレビ番組や映画のロケの誘致がある。特に、NHKの大河ドラマや朝の連続ドラマは視聴率も高いことから、自治体からの誘致運動も熱心である。テレビ番組や映画を軸にして地域づくりに取り組むため、専門の組織を置いている自治体もあり、その例として武雄市の「佐賀のがばいばあちゃん課」（営業部）がある。

　この組織は、地元出身タレントのベストセラーとなった著書を原作とするテレビ番組を同市に誘致することを目的に設置されたものである。松山市には職制として「坂の上の雲まちづくり担当部長」が配置されている。司馬遼太郎の同名の小説がドラマ化されたことをきっかけに松山市では、坂の上の雲まちづくりに取り組んでおり、同担当部長は総合政策部で坂の上の雲まちづくりチームを率いている。

自治体の営業活動

　自治体と営業活動は縁がないように思われるが、上水道、下水道、交通などの公営企業部門では、営業部や営業課を設置して収入の増加に取り組んでいる。首長部局でも、武雄市では地域間競争に打ち勝ち、地域経済の活性化を図るため、「企業立地課」、「わたしたちの新幹線課」をはじめ、7課からなる「営業部」を設置している。箕面市（大阪府）でも、武雄市と同様地域経済の活性化を主な使命とする「箕面営業課」（地域創造部）が置かれている。同課では市の印刷物に民間企業の広告を掲載し、市の財源

を確保しようとする「箕面市広告事業」を担当している。県レベルでは、福井県に「観光営業部」がある。同部の役割は県の魅力の向上や観光、国際に関することであり、部内に「ブランド営業課」や「ふるさと営業課」という「営業課」を2課設置している。

その他

全国の地方自治体では、地域の実情にあった政策を推進するため、上記以外にも特色ある組織を設置している。群馬県では自民党から民主党への政権交代時に話題を呼んだ国土交通省直轄の八ツ場ダム対策を進める「特定ダム対策課」（県土整備部）、岡崎市（愛知県）では「狭あい道路整備室」（都市整備部）が設置されている。「歩き」をテーマにまちづくりを進めるため、金沢市では「歩ける環境推進課」（都市政策局）、岐阜市では「まちなか歩き推進課」（まちづくり推進局）、長崎市では「さるく観光課」（文化観光部）が置かれている。その他明石市（兵庫県）の「いじめ対策課」（教育委員会）、高知県の「知的財産課」（産業技術部）、北九州市の「人材育成・女性活躍推進課」（総務市民局）は非常に珍しく全国的に例がない組織である。

【注】

(1) 原田尚彦『〈新版〉地方自治の法としくみ』学陽書房、2003年、116頁。
(2) 青森県の場合、旧県から新県への引継ぎにあたって、県政を統轄する組織として民事堂を設け、租税課、聴訴課、諸務課、出納課、営繕課の5課を開設した。（松尾正人『廃藩置県』中央公論社、1986年、204頁）。
(3) 兵庫県では、市政局、郡政局のほか、外務局を設置していた。（兵庫県史編集専門委員会編『兵庫県史第5巻』1980年）。
(4) 通牒昭和27年11月29日自丙行発50号。
(5) 東京市は当初は部制を敷いていたが、次第に課と局が混在するようになり、1920年代頃から本格的に局制を採るようになった。

(6) 　川手摂「自治体の技術職・研究職」『都市問題』2006 年 12 月号、(財) 東京市政調査会、2006 年。
(7) 　図表 7-5 を作成するにあたっては、各自治体の行政機構図、行政組織規則をはじめ、下記の文献、資料等を参考にしながら、総合的に判断したところであるが、分類にあたって、不十分な部分もあり、「試論」という位置づけにしていただくことをご理解願いたい。今後、自治体の試験研究機関について、精緻な分析・整理を行ないたい。
　　(独) 中小企業基盤整備機構編『平成 19 年度公設試験研究機関現況』、2007 年。
　　全国試験研究機関名鑑編集委員会編『全国試験研究機関名鑑 2004-2005 年版』ラテライス、2003 年。
　　総務省統計局編『平成 19 年科学技術研究調査報告』、2008 年。
　　その他 (環境研究技術ポータルサイト、地方衛生研究所協議会および (独) 産業技術総合研究所等のホームページ)。
(8) 　北海道については、『道立試験研究機関の改革及び地方独立行政法人導入に関する方針』(2008 年 2 月) に記載されている試験研究機関を計上した。また、広島県については、県立の試験研究機関を 2007 年 4 月に「総合技術研究所」に一本化したために、試験研究機関数としては 1 となったものである。
(9) 　この分類は、総務省統計局編『科学技術研究調査』における非営利団体・公的機関の研究組織の分類を参考にしたものである。
(10) 　自然科学系と人文・社会科学系の要素を併せ持つ試験研究機関としては、島根県中山間地域研究センターと青森市雪国学研究センターが挙げられる。両者とも生活・文化から農林業 (中山間地域研究センター) あるいは産業振興 (雪国学研究センター) まで幅広い分野を対象としており、地域に根ざした調査研究に取り組んでいる。なお、青森市雪国学研究センターは、「都市シンクタンク等交流会議」に参加しており、自治体シンクタンクの性格も有しているものと考えられる。
(11) 　この分類は、科学技術庁編『平成 4 年度版科学技術白書』(56-58 頁) を踏まえたものである。

第 8 章
分権化対応

第 1 節　都道府県の市町村担当課

　かつて都道府県の「地方課」は、都道府県の組織のなかでも、特に歴史と伝統を有していた。たとえば、長野県に地方課が置かれたのは 1907（明治 40）年であり、これが市町村課に名称変更になったのは 2001（平成 13）年であるから 94 年間存続したことになる。長野県に限らず、多くの府県でも地方課は戦前戦後を通じてほぼ一貫して設置されていたものと思われる。このように長期間にわたって市町村行政に一定の影響を持っていた地方課が、1990 年代以降次々に市町村課や市町村振興課等に看板を掛け直した。地方課の変容はどのような背景によるものなのか。そして、地方分権時代における都道府県の市町村担当課の役割はいかにあるべきなのか。

　本節ではこのような問題意識に立脚し、地方課の沿革と役割を概観するとともに、都道府県の市町村担当課の現況を紹介する。そして、都道府県と市町村の新しい関係を踏まえて、市町村担当課の今後の方向性を検討する。

1　「地方課」の沿革と役割

(1) 地方課の沿革

　地方課の沿革を述べる前に草創期の内務省について、まず説明したい。内務省は 1873（明治 6）年に大久保利通を内務卿に戴き、勧業寮、警保寮、

戸籍寮、駅逓寮、土木寮および地理寮と測量司の6寮1司で発足した。当初は、外政以外のほとんどの業務を所管していたが、1881（明治14）年に産業関連業務が農商務省に移管され、1885（明治18）年に県治に関する事務を所管することになり、地方行政と警察行政が内務省の2本柱となった。1885（明治18）年の内閣制度の発足時に、内務省は、総務局、県治局、警保局、土木局、衛生局、地理局、社寺局、会計局および戸籍局の9局構成となり、県治局は府県課、郡区課および地方費課の3課体制であった。1898（明治31）年に県治局は地方局に改められた。1890年代の府県の内部組織は、知事官房、内務部、警察部、収税部および監獄署で構成されており、内務部は第一課、第二課、第三課および第四課の4課体制であった。

　1905（明治38）年に地方官官制が改正され、第一部（選挙、地方行政、土木、予算・会計等）、第二部（教育、兵事、社寺・宗教等）、第三部（農工商、森林、水産、度量衡等）および第四部（警察、衛生等）に改組された。特に、第一部の事務として「郡市町村其ノ他公共団体ノ行政ノ監督ニ関スル事項」が明示された。この事務を所掌する組織として、宮城県では第一部に地方課を置いた。1907（明治40）年の地方官官制の改正により、再度内務部が設置され、市町村の監督業務を担うため、長野県や大阪府では内務部に地方課を置いた。

(2) 地方課の役割

　戦前の地方課は「郡市町村其ノ他公共団体ノ行政ノ監督ニ関スル」事務を主に担っていたが、たとえば、1925（昭和元）年の東京府の内務部地方課は地方係、衛生係、旅券係で構成されており、市町村行政の指導監督業務に特化していた訳ではないことがうかがえる。また、第2次世界大戦中は1942（昭和17）年に全国一斉に設置された地方事務所を所管していた。戦後制定された地方自治法では、府県の総務部の分掌事務として「市町村その他公共団体の行政一般の監督に関する事項」（第158条第1項）が規定され、戦前からの役割を継承した。たとえば、長野県総務部地方課の分掌事務は、1947（昭和22）年8月時点では、地方事務所の統轄、市町

村その他の公共団体の指導監督、公職適否資格審査、地方自治の振興、国民貯蓄奨励、市町村分与税、市町村吏員の互助共済施設の指導監督、代書人の免許、国轄および民轄となっており、戦前と大きく変わるものではなかった。

　同課の組織構成は、1948（昭和23）年では図表8-1のとおり、7係で構成されていたが、1963（昭和38）年に5係体制になり、この体制は2001（平成13）年に市町村課が設置されるまで続いた。1960（昭和35）年に自治庁から昇格した自治省は、大臣官房、行政局、財政局、税務局および選挙局で構成され、自治省の局と府県の地方課の係の構成とは驚くほど構成が似通っていた。府県の地方課は自治省の市町村施策を府県で展開する役割を担っていたといえるのではないだろうか。1948（昭和23）年総理庁採用の平井　龍氏（のち山口県知事）は、愛媛県地方課長在任中に「地方課長の地位」と題した文章を寄せ、都道府県地方課の役割として以下の意見を述べている。

　すなわち「都道府県が市町村に対し、その実態を監査し、その結果によって指導援助し、不当な運営を是正し、勧告することは、自治の空転を匡正し、堅実にして合理的な市町村自治の運営を確保するためのミニマムな措置であろう」、また「行政が固有法則性である社会的技術をもちなが

図表 8-1　長野県総務部地方課の組織構成

（1948 年）　　　　　　　　　　　（1963 年）

地方課
├─ 庶務係
├─ 市町村行財政係
├─ 選挙係
├─ 公職資格審査係
├─ 自治振興係
├─ 消防係
└─ 貯蓄係

地方課
├─ 総務係
├─ 行政係
├─ 財政係
├─ 税制係
└─ 選挙係

（出所）　長野県総務部文書学事課編『長野県の行政組織』1968年をもとに筆者が作成。

ら凡ゆる政治に奉仕し、然も中立性を堅持することを考えるならば豈に府県の地方課のみならんや、挙げて『堂々と　帷を揚げよ、光に面せ』である[1]」と。おそらく当時の自治官僚の多くは、平井氏と同じような気概を持っていたものとうかがい知れまた、大変興味深い。このような地方課長に率いられた府県の地方課の職員も同じような意気込みで市町村行政に取り組んでいたと推察される。

2 「地方課」の現在

　地方課は、都道府県の内部組織において分課の1つに過ぎなかったが、その存在や呼称について、かつて研究者から辛辣ともいえる指摘を受けていた。大森　彌氏は、「『地方』が市町村を指していることは間違いないのであるから、市町村を地方とみなす『地方課』自体は何者なのか、正体不明であるからである。このいい方は明らかに『上下・主従』の発想を色濃く体現している[2]」「皮肉をいえば、今日でも地方課の改称の必要性に気づかないか、気がついていながら直さないでいる県は、市町村から見れば、時代遅れの国の出先機関的存在なのである[3]」と論じた。また、兼子　仁氏は「いまだに戦前を引きずる『地方課』の名称を残す県庁が少なくないのはどうしたことだろうか[4]」と語った。

　地方分権の流れや市町村合併の進展のなかで、各都道府県は「地方課」のあり方について、先に述べた指摘を踏まえつつ、模索を重ねたことと推察される。ここでは、市町村担当課が1998（平成10）年以降どのように変容したのかを見てみたい。1998（平成10）年および2008（平成20）年における都道府県の市町村担当課の状況を示したのが図表8-2である。1998（平成10）年に地方課を設置していたのは、20府県で42.6％を占めていたが、2008（平成20）年になると地方課が存在するのは、石川県のみであり、もはや風前の灯であるといっても過言ではなかろう。

　1998（平成10）年時点でも、2008（平成20）年時点でも、最も多いのが市町村課で22府県（46.8％）から28府県（59.6％）へと過半数を占めるに至っている。市町村振興課は、1998（平成10）年の5府県（10.6％）

から2008（平成20）年には7府県（14.9％）と微増している。10年前には名称として採用されていなかった自治振興課が4府県（8.5％）、市町村支援課が2府県（4.3％）となっている。その他は、市町行財政室（三重県）、自治行政室・自治財政室（静岡県）、市町行財政課（広島県）などである。

1998（平成10）年前後は、地方分権推進委員会からつぎつぎと勧告が提出されるなど最も地方分権の気運が盛り上がった時期であり、従来の地方課がその名称や役割を含め見直されつつあった。このようななかで、市町村に関する事務を所管する組織ということで市町村課になり、組織の使命をより鮮明に打ち出すために、市町村振興課、自治振興課、市町村支援課へと変化したものと考えられる。

図表8-2　都道府県の市町村担当課の状況

（1998年）

名称	都道府県数	割合（％）
地方課	20	42.6
市町村課	22	46.8
市町村振興課	5	10.6
計	47	100.0

（2008年）

名称	都道府県数	割合（％）
地方課	1	2.1
市町村課	28	59.6
市町村振興課	7	14.9
市町村支援課	2	4.3
自治振興課	4	8.5
その他	5	10.6
計	47	100.0

（出所）各都道府県の行政機構図をもとに筆者が作成。

市町村担当課の所管部局について、1998（平成10）年と2008（平成20）年の状況をまとめたのが図表8-3である。市町村担当課が総務部門に属する府県は、1998（平成10）年は37府県（78.7％）であったが、2008（平成20）年には27府県（57.4％）と依然として過半数を占めているものの、10府県減少している。一方、企画部門、地域振興部門は、1998（平成10）年にはそれぞれ8府県（17％）、2府県（4.3％）であったものが、2008（平成20）年には12府県（25.5％）、6府県（12.8％）と両者を併せると4割近くになり、10年間で2倍近く増えている。その他は、企画総

務部（秋田県）、企画財政部（埼玉県）である。総務部門の減少は、市町村を県政推進あるいは地域振興のパートナーシップとして積極的に位置づけようとする動きであると考えられる。

図表8-3　都道府県の市町村担当課の所管部局

（1998年）

所管部局	都道府県数	割合（％）
総務部門	37	78.7
企画部門	8	17.0
地域振興部門	2	4.3
計	47	100.0

（2008年）

所管部局	都道府県数	割合（％）
総務部門	27	57.4
企画部門	12	25.5
地域振興部門	6	12.8
その他	2	4.3
計	47	100.0

（出所）各都道府県の行政機構図をもとに筆者が作成。

3　市町村担当課の今後

　鳥取県では、2006（平成18）年の組織改正で市町村振興課を廃止した。この組織改正の背景には、当時の片山知事の「市町村振興課が市町村の『はしの上げ下げ』まで面倒を見ることで、市町村の依頼心を強め、『団体自治』を弱めてきたという意識」があるとされる[5]。同時に、住民が市町村に対し権利を行使しようとする際のサポートなど住民活動の支援を業務とする、草の根自治支援室を新設した。市町村振興課の廃止と草の根自治支援室の設置により、「団体自治」と「住民自治」の双方の向上を目指したものであった。片山氏が知事の座を退くと企画部にこれまでの市町村振興課の役割を担う、分権自治推進課が設置された。

　次いで、2008（平成20）年の組織改正により草の根自治支援室が廃止されるとともに、企画部内に「地域づくり支援局」が設置された。同局は、分権自治推進課から改組された自治振興課を所管することとなった。2006（平成18）年の鳥取県の試みは、時代を先に歩み過ぎた感は否めないが、

地方分権がさらに進むとその真価が見直されるかもしれない。

従前の「地方課」の役割の1つに、市町村の法務事務の支援があった。法務支援業務は、名称が市町村課や市町村支援課になろうとも、多くの都道府県の当該課が行っていると思われる。一方、北海道や山梨県の町村会では、自治体法務について会員すなわち町村への支援業務を実施しており、他の地域にまで拡大するとこの分野での市町村の「自立」が進むことになるであろう。同様に県や市町村が抱える滞納地方税の整理を目的として、茨城県、静岡県、和歌山県などで「地方税回収機構」が県と市町村の共同設立により相次いで誕生している。この動きが全国各地で広まれば、市町村に対し滞納整理事務の助言を行なう都道府県の市町村担当課の役割は見直されることが考えられる。このように、都道府県の市町村担当課は、地方分権の進展や市町村合併により、大きくその役割が変容しつつある。ここにおいて、日本国憲法に定める「地方自治の本旨」の実現を基本に、団体自治と住民自治の向上へ向けた取り組みが期待される。

第2節　市町村合併と自治体組織

国は、2010（平成22）年の通常国会に、市町村合併について国や都道府県の積極的関与を廃止するとともに、自主的な合併の円滑化を促進するための特例措置を内容とする合併特例法改正法案を提出し、「平成の合併」は終焉を迎えた。

これまで、市町村合併のメリットとして、組織面について、「小規模市町村では設置困難な都市計画や国際化、情報化、男女共同参画等の専任組織・職員を置くことができ、より多様な個性ある行政施策の展開が可能になる」「総務、企画等の管理部門の効率化が図られ、相対的にサービス提供や事業実施を直接担当する部門等を手厚くするとともに、職員数を全体的に少なくすることができる」と語られてきた[6]。多くの合併市町村では、数々の課題を1つひとつ解決しながら合併協議を進め、協議事項の1つである行政組織の編成についても、模索を重ねながら、検討を進めてき

たというのが実態であろう。

1　平成の合併

　近代日本では、明治維新以降3回の市町村合併を経験している。

　1つは、「明治の大合併」である。明治の大合併は、1888（明治21）年の市制・町村制の制定に伴い、戸籍や小学校などの事務処理をさせるうえで、江戸時代以来の自然発生的な町村を適正な規模に編成する目的で行なわれた。同年に内務大臣訓令である「町村合併標準」により、小学校1校の区域となる300戸から500戸が町村の標準規模とされ、町村合併が全国的に強力に推進された。その結果、町村数は、1888（明治21）年末には71,314だったものが、1889（明治22）年末には15,820と1年間で約5分の1に減少した。

　「昭和の大合併」は、1953（昭和28）年に制定された「町村合併促進法」および「新市町村建設促進法」に基づき、1953（昭和28）年から1961（昭和36）年にかけて展開された。この時期、政府が市町村合併を推進したのは、戦後、市町村の事務に中学校の設置管理など新たな事務が加わったため、市町村の規模・能力を拡大する必要性が生じたからである。町村合併促進法では、「町村は、おおむね8千人以上の住民を有するものを標準とし、地勢、人口密度、経済情勢その他の事情に照らし、行政能率を最も高くし、住民の福祉を増進するようにその規模をできる限り増大し、これによってその適正化を図るよう相互に協力しなければならない」と規定し、町村の標準規模を明示した。昭和の合併は、国を挙げての取り組みになり、その結果、市町村数は、1953（昭和28）年10月の9,868から1961（昭和36）年6月には3,472へと約3分の1（35％）に減少した。

　「昭和の大合併」から約40年後の1999（平成11）年に「市町村の合併の特例に関する法律」（合併旧法）が一部改正され、住民発議制度や地方交付税の特例措置の拡充、さらには議員年金の特例の創設などが盛り込まれ、「平成の合併」が開始された。合併旧法は、2002（平成14）年に一部改正され、合併協議会に係る住民発議制度が拡充されるとともに、住民投

票制度が導入された。国は、「平成の合併」を推進する必要性として、地方分権の推進、少子高齢社会への対応、増大する広域的な行政需要への対応、そして行政改革の推進を挙げている。合併旧法は、2005（平成17）年3月末に期限切れとなり、新たに「市町村の合併の特例等に関する法律」（合併新法）が5年間の時限法として同年に制定された。国では、関係大臣で構成する市町村合併支援本部を設置し、市町村合併支援プランの作成などの積極的な支援を行なった。また、都道府県も自主的な市町村の合併の推進に関する構想の作成など積極的な取り組みを行った。

　その結果、市町村数は1999（平成11）年3月末に3,232であったが、2010（平成22）年3月には1,727と約53％に減少した。「平成の合併」は、「明治の大合併」や「昭和の大合併」の減少幅や、与党行財政改革推進協議会における「市町村合併後の自治体数は1,000を目標とする」という方針の数字には届いていないものの、「今回の合併については、相当程度の進展を見せていると評価することができる[7]」との総括もある。なお、町村の規模について、「明治の大合併」では300戸から500戸、「昭和の大合併」では8千人以上の人口と具体的に提示されたが、「平成の合併」では明示されず積極的な議論もされなかった。

2　合併協議における行政組織の検討

(1) 合併に至るまでの法手続き

　合併市町村において行政組織は、どのような過程を経て編成されるのであろうか。まず、市町村合併に至る法手続きの流れを見てみたい。法手続きの第一として、当該市町村の議会の議決を経て合併協議会の設置が必要である。協議会の主な役割として、合併市町村基本計画の作成その他市町村の合併に関する協議である。合併市町村基本計画の作成など合併協議が整った後に当該市町村の議会の議決を経て都道府県知事に申請を行なう。申請を受けた都道府県知事は、当該都道府県の議会の議決を経て市町村の合併を決定するとともに、直ちに総務大臣に届け出る。総務大臣は、この届出を受理したときはその旨を直ちに告示するとともに、これを国の関係

行政機関の長に通知する。総務大臣の告示をもって、合併の効力が生ずることになる。

　一連の手続きのなかで合併協議会の設置と合併に関する協議が最も重要である。合併協議会の設置にあたっては、住民発議を経る場合と、経ない場合の2つのケースがあり、いずれのケースでも実例を見ると紆余曲折を重ねて合併協議会設置へと至ることがわかる。合併協議会において協議事項となるのは、合併市町村基本計画および合併協定項目である。総務省が設置した「市町村の合併に関する研究会」は「市町村合併法定協議会運営マニュアル」をまとめている。マニュアルでは、合併協定項目を基本4項目、合併新法に定める協議事項、その他必要な協議事項の3つに分類し、「事務組織及び機構の取扱い」はその他必要な協議事項に位置づけている。併せて、人事・組織体制について、具体的な事例を紹介しつつ、留意すべき事項等を示している。たとえば、「できるだけ速やかに人事・組織体制（具体的な人選まで指すものではない）を決めなければ、庁舎利用計画、電算システムなどの設計・配備、移転準備などその後の具体的な作業に支障が生じる」として速やかな決定を促し、組織体制の調整方針として次の6点を求めている。

① 　市民が利用しやすくわかりやすい組織・機構
② 　簡素で効率的な組織・機構
③ 　合併市町村基本計画を円滑に遂行できる組織
④ 　指揮命令系統が明確な組織・機構
⑤ 　地方分権へ柔軟に対応できる組織・機構
⑥ 　新たな行政課題を見据えた組織・機構

(2) 合併協議会における組織機構の検討

|Case 1|　合併後に本格的な組織改正＝久留米市

　久留米市は、2005（平成17）年2月に周囲の田主丸町、北野町、城島町および三潴町の4町と合併し、福岡県筑後地域を代表する30万都市となった。2003（平成18）年1月に設立された久留米広域合併協議会が合

第 8 章　分権化対応　195

併協議の舞台となったが、事務組織および機構の取扱いが提案されたのは、同年11月の第12回会議であった。ところが、原案に対し委員から「地域自治組織制度を導入すべき」「総合支所の権限と機能を明確にすべき」等の意見が出されたため、幹事会での協議を経て同年12月の第14回協議会に図表8-4のとおり修正案が提出された。

図表 8-4　事務組織および機構に係る合併協定の例

協定項目13　事務組織及び機構の取扱い

1　整備方針について
　新市の組織・機構については、地域自治組織制度の創設などの地方分権の進展や、総合的な住民サービスの向上に充分配慮しながら次の視点により整備する。
　(1) 新市建設計画を円滑に遂行できる組織・機構
　(2) 市民が利用しやすくわかりやすい組織・機構
　(3) 簡素で効率的な組織・機構
　(4) 指揮命令系統が明確な組織・機構
　(5) 新たな行政課題など時代の変化に柔軟に対応できる組織・機構

2　総合支所（仮称）について
　(1) 合併前の町の所管区域とする総合支所（仮称）を設置する。
　(2) 総合支所（仮称）は、合併時においては4町の現有庁舎を有効活用する。
　(3) 総合支所（仮称）は、本庁において処理する事務を除き、地域の市民サービスに係る事務を総合的に所掌する。
　(4) 総合支所（仮称）は、新市建設計画の推進を図る地域振興の拠点として、所掌する事務に関し、次の機能を有するものとする。
　　①地域振興に関するものなど、地域実情に応じた事務事業を自ら企画立案・実施する機能
　　②市民生活に密接に関連するものなど、統一された水準のサービスを主体的に実施する機能

(出所)　久留米広域合併協議会第14回会議資料（2003年12月）から抜粋。
(注)　　下線部は第12回会議で示された原案について、修正された箇所。

そして、協議会がこの修正案を承認して、合併協定書の調印へと至った。久留米市のケースの特徴は、合併協定書でマニュアルを踏まえた基本的な整備方針と総合支所の設置などの重要事項を示すものの、具体的な行政組織はこの時点では明らかにされていないことである。総合支所は、合併と同時に置かれたものの、市長部局の本庁組織については、合併後の2005（平成17）年4月に組織改正が行なわれ、合併前の8部2室体制から11部1室体制となった。このような方式を採ったのは、協定項目は、全体で相当数に及ぶことから合意できるところからまとめ、具体的な部分は時間をかけて検討することで、円滑に協議が進むものと考えられたためであろう。

3　市町村合併の自治体組織への影響

(1) 総務省研究会

　総務省が設置した「市町村の合併に関する研究会」は、市町村の行財政に対する合併の影響等について調査研究を行い、2008（平成20）年6月に報告書を発表した。このなかで、合併による組織・専門職員の配置への影響に関して、以下のまとめを行っている。

① 1999（平成11）年4月1日から2006（平成18）年4月1日の間に合併した558市町村を対象にアンケート調査したところ、このうち474市町（84.9％）が合併によって組織の専門化や人員の増加等庁内の体制が充実したと回答した。

② なかでも、「企画財政・総務」「保健・福祉」「産業振興」等の分野で組織の充実や専門化が図られた。

③ 最も充実した部署は、「企画財政・総務分野」であり、これは地方分権の動きに対応するための経営中枢部門の強化が図られたものと考えられる。

④ 各部課内の管理部門の整理統合等による効率化や、旧市町村ごとを担当する「地域本部」や地域担当の部課などの設置の取り組みも行なわれている。

⑤　支所等の状況については、558市町村のうち、186（33.3％）が分庁方式、262（47.0％）が総合支所方式、68（12.2％）が窓口サービス中心の支所方式等となっている。
⑥　旧市町村役場を総合庁舎とする方式が多く採られたのは、旧市町村単位のまとまりが重視されたものと考えられる。

(2)　(社) 日本経営協会

（社）日本経営協会では、「市町村合併後の行財政課題等に関するアンケート調査」を実施し、その報告書を2007（平成19）年7月に発表した。このアンケート調査では、2003（平成15）年4月以降に合併した555市町村を対象とし、370市町村（66.7％）から回答が寄せられた。調査項目は、市町村合併の方法にはじまり、合併のパターン、合併のメリット・デメリット、合併後の組織・機構など多岐にわたっている。このなかで、組織・機構について、次の整理を行っている。
①　合併後の組織・機構について、「管理部門、事業部門とも1ヶ所に集中し他を支所とした」と回答した自治体が176市町村（47.6％）と最も多く、次いで「管理部門は1ヶ所に集中。事業部門は分散」（23.0％）であった。
②　合併後の組織の動態化について、課制を廃止した自治体は3.8％、係制を廃止した自治体も16.8％にとどまり、今後係制を廃止することを検討する市町村は11.9％であった。また、コーディネーター制度を採用しているのは9.7％であり、プロジェクトチームの設置は60.8％にのぼった。このことから、組織横断的な課題に対してはプロジェクトチームの設置により対応していることがうかがえる。

4　市町村合併による自治体組織の変革

(1)　指定都市等への移行

市町村合併による自治体組織への影響については、合併直後よりも、合併により自治体の規模が拡大し、指定都市、中核市、特例市に移行した時

に顕著に見られる。2008（平成20）年4月時点での指定都市、中核市および特例市の99市中、1999（平成11）年以降合併を経験したところは、52市（52.5％）で過半数を超え、合併方式については、編入合併が46市（88.5％）と圧倒的である。一方、市町村合併の結果、中核市から指定都市に移行した自治体は5市（29.4％）、特例市や一般市から中核市への移行は6市（15.4％）、一般市から特例市への移行は6市（14.0％）となっており、合併により規模が拡大するとともに、都市機能の充実が図られる結果になっている。

図表8-5 市町村合併による指定都市、中核市、特例市への移行状況（2008年）

区分	合併の有無 合併有		合併方式 編入合併		新設合併		合併により指定都市などに移行	
	実数	割合(%)	実数	割合(%)	実数	割合(%)	実数	割合(%)
指定都市	7	41.2	5	71.4	2	28.6	5	29.4
中核市	26	66.7	25	96.2	1	3.8	6	15.4
特例市	19	44.2	16	84.2	3	15.8	6	14.0
計	52	52.5	46	88.5	6	11.5	17	17.2

（出所）　市町村自治研究会編『Q&A市町村合併ハンドブック』ぎょうせい、2007年および市町村の合併に関する研究会『「平成の合併」の評価・検証・分析』2008年をもとに筆者が作成。

(2) 指定都市・中核市・特例市の事務権限と組織編成

　指定都市、中核市および特例市については、一般市にはない事務権限が認められており、このことは、組織編成上最大限に配慮すべきことである。市の種別ごとに事務配分の特例等を比較したものが図表8-6である。指定都市は、福祉行政や保健衛生、都市計画などの事務処理に関して都道府県と同様の権限を有していることから、それにふさわしい組織編成が求められ、中核市から指定都市に移行した時に大規模な組織改正を行っている例が多い。

図表 8-6　市の種別ごとの比較

区分	指定都市	中核市	特例市
事務配分上の特例	特例として民生行政に関する事務、保健衛生行政に関する事務、都市計画等に関する事務等の事務を処理する。	原則として指定都市に移譲されている事務を処理する。ただし、都道府県が一体的に処理することが効率的である事務その他の中核市において処理することが適当でない事務は、都道府県が従来どおり処理する。	原則として中核市に移譲されている事務を処理する。ただし、都道府県が一体的に処理することが効率的である事務その他の特例市において処理することが適当でない事務は、都道府県が従来どおり処理する。
行政組織上の特例	区を設置する等の組織上の特例を設ける。	行政組織上の特例は設けない。	行政組織上の特例は設けない。

(出所)　市町村自治研究会編『Q&A 市町村合併ハンドブック』ぎょうせい、2007 年、55 頁から抜粋。

Case 1　指定都市移行後に大規模な組織編成＝新潟市

　新潟市は、2001（平成 13）年 1 月に西蒲原郡黒埼町、次いで 2005（平成 17）年 3 月に白根市ほか 11 市町村、そして同年 10 月に西蒲原郡巻町と合計 3 回にわたり合併（いずれも編入合併）を重ねた。その結果、人口 80 万人を擁する本州の日本海沿岸随一の大都市となり、2007（平成 19）年 4 月には浜松市とともに、全国で 16 番目の指定都市に移行し、大規模な組織改正を実施した。合併の前後、指定都市移行直後の市長の直近下位組織の状況は、図表 8-7 のとおりである。新潟市の人口は、2004（平成 16）年 3 月には 51 万 6 千人であったが、2005（平成 17）年 3 月の第 2 次合併により 77 万 4 千人と 1.5 倍に膨張した。しかしながら、合併により人口や面積は増加したものの、中核市であることには変わりなく、都市機能としては、従来のままであった。そのため、組織面では、本庁については、合併を所管していた広域合併推進部が廃止され、5 局 14 部から 5 局 13 部となった。

　一方、合併前の旧市町村ごとに支所が設置され、支所は一挙に 1 から 13 へと大きく増えた。このように旧市町村ごとに支所が設置されるの

は、住民サービスの維持を図る観点からの措置であると考えられ、合併市町村の多くで見られる。第2次合併から2年後の2007（平成19）年4月に指定都市に移行すると、中核市にはない権限が付与されることになり、大幅な組織の見直しが行なわれた。本庁組織については、局制から部制に移行し、5局13部から13部1本部へと改正された。指定都市では局制を採用するのがそれまでの通例であったが、局制から部制へと移行したのは極めて稀である。また、横断的な組織である食育・健康づくり推進本部が設置されたほか、自治体シンクタンクの機能を有する都市政策研究所が内部組織として新たに設けられた。指定都市の行政組織上の最大の特徴は、区の設置であるが、新潟市では市内8箇所に区役所が置かれた。

図表8-7　新潟市の組織の変遷

（第2次合併前）2004年
- 総務局
- 企画財政局
- 市民局
- 産業経済局
- 都市整備局

支所①

→ 2005年合併 →

（第2次合併後）2005年
- 総務局
- 企画財政局
- 市民局
- 産業経済局
- 都市整備局

支所⑬

→ 2007年指定都市移行 →

（指定都市移行）2007年4月
- 政策企画部
- 市民生活部
- 文化スポーツ部
- 健康福祉部
- 環境部
- 経済・国際部
- 農林水産部
- 都市政策部
- 建築部
- 土木部
- 下水道部
- 総務部
- 財政部
- 食育・健康づくり推進本部

区役所⑧

（出所）　新潟市の行政機構図をもとに筆者が作成。

第3節　都道府県の総合出先機関[8]

　1999（平成11）年の地方分権一括法による地方自治法の改正により、市町村の事務処理特例制度が新設され、都道府県知事の権限に属する事務を、条例の定めるところにより市町村が処理することができるようになった。いわゆる市町村への権限移譲である。現在、市町村への権限移譲は、濃淡はあるものの全都道府県で取り組まれており、広島県ではすでに1,000を超す事務が市町村に移譲されている。また、「平成の合併」により市町村数は1999（平成11）年に3,232であったものが、2010（平成22）年には1,727になり、11年間で6割以下に減少した。その結果、市町村の規模は人口、面積とも増大するとともに、通常の市よりも多くの権限を有する指定都市、中核市および特例市が増加した。地方分権の進展と市町村合併は、都道府県と市町村の役割分担を大きく変化させ、とりわけ第一線で住民サービスを担ってきた都道府県の出先機関の形態や役割に大きな影響をもたらしつつあると考えられる。

1　総合出先機関の意義と沿革

(1) 戦前の総合出先機関

府県の成立
　明治政府は、明治維新後1868（明治元）年に三治制を敷き府に知府事、藩に諸侯、県に知県事を置いた。翌1869（明治2）年には諸藩主が版（土地）と籍（人民）を朝廷に還納する版籍奉還が行なわれ、諸藩主は知藩事に任命された。1871（明治4）年には廃藩置県の詔書が発せられ、藩制度は全廃され、3府72県が置かれた。地方行政は、政府が派遣する府知事・県令が行なうこととなり、府県は政府の統制下に置かれた。その後、1878（明治11）年の府県会規則を経て1886（明治19）年に地方官官制が制定された。これにより、府県には内務大臣から指揮監督を受ける府県知事が

置かれることとなった。同時に、地方官官制では、郡長および島司の規定を置いた。

郡

　郡は、国の行政区画であるが、1878（明治11）年の郡区町村編制法により郡に郡長を置くこととされた。1886（明治19）年の地方官官制でも、同様の規定が置かれ、知事の指揮監督を受け、部内の行政事務を掌理することとされた。郡制は、プロシアの制度にならったものであるが、起草者自身も反対であったという話もある程であり、郡制廃止に関する法律案が幾度となく上程されたが、成立には至らなかった。ようやく1921（大正10）年になって「郡制廃止ニ関スル法律」が可決成立し、1923（大正12）年に廃止された。

島司

　地方官官制第46条に基づき、長崎県、鹿児島県その他指定する府県に、部内の行政事務を掌理する「島司」が置かれた。1888（明治21）年に市制・町村制が施行されたが、一部の離島地域は1889（明治22）年の勅令により除外され、島庁が置かれた。長崎県、鹿児島県以外に島司が置かれたのは、東京府の伊豆諸島、小笠原諸島、島根県の隠岐諸島、沖縄県の宮古島、八重山島である。島司は、郡制廃止に伴って廃止され、島庁は支庁に、島司は支庁長に改称された。

支庁

　1923（大正12）年に郡が廃止され、これに伴い1926（昭和元）年に地方官官制の全面改正が行なわれた。その内容は、郡長および島司以下の官吏を廃止、すなわち郡役所を廃止するとともに、新たに支庁または支庁出張所を置くことを可能にするものであった。これは郡役所廃止に伴う予算案が提出された際に、貴族院で強い反対意見が出され、「町村民に対し不便を与ふると認められる地方には、支庁又は出張所を設置する等適当なる施設を為し、町村の指導監督上遺憾なきを期せられんことを望む」という

付帯決議が可決された[9]ことを背景としている。郡役所に替わって設置されたのが支庁であるが、その権能も、従前の郡長のそれとほとんど変わらなかった。

地方事務所

第2次世界大戦中の1942（昭和17）年に地方官官制が一部改正され、「行政の総合化ならびに能率化に応ずるため[10]」、地方事務所が設置されることとなった。これは、支庁の管轄区域および市の区域を除いた区域における府県の事務の一部を分掌させるために、郡単位に置かれた。具体的には、重要農産物資の増産・配給、経済統制、部落会・町内会の指導、軍事扶助等、戦時国政事務を担った。戦時体制下の地方行政は、地方事務所以外にも1943（昭和18）年の地方行政協議会の設置があり、「内務大臣→地方行政協議会→知事→地方事務所→市町村長→町内会・部落会→隣組という国家権力から住民の末端にいたるまで把握する中央集権行政体系[11]」が作られた。

(2) 戦後の総合出先機関

地方自治法の制定

1947（昭和22）年に制定された地方自治法は、戦前の地方官官制を引き継ぎ、その第155条で都道府県は、支庁や地方事務所を置くことができる旨を規定した。地方官官制では、支庁と地方事務所は、その制定の経緯から権能に相違が認められたが、地方自治法では同一の出先機関として位置づけられた。

戦前の総合出先機関制度が、郡制の発足から地方官官制の廃止までの約60年間に郡→支庁→支庁・地方事務所と変遷していったのに対し、戦後は、地方自治法の制定から現在までの約60年間に支庁・地方事務所体制は維持されたままである。しかしながら、戦後の都道府県は、比較的自由に総合出先機関の組織設計をすることができ、また都道府県を取り巻く環境の変化に応じて、総合出先機関の機能・性格も変容してきた。

総合出先機関の推移

1955（昭和30）年から1995（平成7）年に至る都道府県の総合出先機関の推移を10年ごとに整理したものが、表8-8である。以下このデータをもとに戦後の総合出先機関がどのように移り変わったのかを考察したい。

各都道府県では、地方自治法の制定を受け、戦前に設置された地方事務所および支庁を存続させたが、1950（昭和25）年前後から地方事務所を廃止するところが現れ、1955（昭和30）年には、総合出先機関を設置する都道府県は35府県に減少し、地方事務所設置の都道府県は27府県とかろうじて半数を超す程度になった。

1965（昭和40）年には、総合出先機関を設置する都道府県は28府県に減少し、地方事務所を設置する都道府県は、6府県と1955（昭和30）年の4分の1以下に減少した。同時に、地方事務所という法律上の名称を避け、「県事務所」という呼称を採用した府県が14府県と一気に増加した。長崎県には、「開発振興局」という、これまでにない総合出先機関が登場した。この時期総合出先機関が減少した理由としては、1953（昭和28）年に施行された町村合併促進法を契機として「昭和の大合併」、さらには新市町村建設促進法により、市町村の規模が拡大し、その能力が向上した結果、都道府県の支庁や地方事務所等総合出先機関の存在意義が問われるようになったことが考えられる。

また、都道府県行政の専門化の要請に伴い、従前の市町村の指導を中心とする地方事務所よりも専門分野について地域的行政を実施する個別行政の出先機関の方が効率的であると判断されたものと考えられる。さらに、第2次世界大戦中に創設された「地方事務所」は、戦時体制を構築するため、市町村を統制することを主な任務とした。戦後も存続した地方事務所は、戦時中の負のイメージが染み付いていたのではないだろうか。このようなイメージを払拭するために多くの府県では「地方」を削除して「事務所」へと変容したと考えられる。

1975（昭和50）年には、総合出先機関を設置する都道府県数は、28府県と1965（昭和40）年と変化はない。内容的には、地方自治法上の「地方事務所」から転じた「事務所等」は10年前と同数の14府県であるが、

図表 8-8　総合出先機関の推移

区　分		1955	1965	1975	1985	1995
総合出先機関設置都道府県		35	28	28	32	33
(内訳)	支庁	8	9	10	9	9
	地方事務所	27	6	2	3	3
	事務所等		14	14	11	9
	振興局等			2	5	7
	県民局等			2	3	3
	その他			1	3	4
総合出先機関未設置都道府県		11	18	19	15	14

(出所)　各年次の大蔵省印刷局編集『職員録』をもとに筆者が作成。
(注)
1　合計が都道府県数と一致しないのは、支庁と地方事務所等複数設置の都道府県があるためである。
2　「振興局等」には、当該機関の名称に「振興」を付したものを計上した。
3　「県民局等」には、当該機関の名称に「県民」を付したものを計上した。
4　都道府県数は、沖縄県が1975年に日本に復帰したため、1955年および1965年は46、1975年以降は47である。

「地方事務所」が2府県へと、さらに減少した。1955（昭和30）年と比べると10分の1以下に激減している。その替わりに岡山県の地方振興局や兵庫県の地方県民局のように「振興」、「県民」を付して当該出先機関の政策目的を明確にしようとしたものが登場した。いわば、地域振興型あるいは県民重視型総合出先機関であるといえよう。

　1985（昭和60）年には、総合出先機関を設置する府県は、1975（昭和50）年に比し4府県増加し、32府県となった。内訳としては、「振興」「県民」を付したものが、大きく伸びているものの、依然として「事務所等」が多数を占めている。この時期に総合出先機関を設置する府県の数が増加に転じた理由としては、「地方の時代」や「地域主権」の提唱の影響による地域重視の考えが浸透したことや、地域住民の行政需要への質的変化への対応に迫られたことが考えられる。

　1995（平成7）年には、総合出先機関を設置する府県は33府県と、10年前と大きな変化はない。その内訳も、大きな変動は見られないが、地方事務所から派生した「事務所等」が9府県へと減少し、「振興局等」が漸増し、7府県となった。1980年代後半から、地方分権の論議がはじまり、

1993（平成5）年の国会決議、1995（平成7）年の地方分権推進法の制定により地方分権の流れは本格化した。多くの都道府県ではこの論議を注視していたところであり、総合出先機関の大幅な再編は留保していたという状況ではないだろうか。

また、バブル経済の崩壊による景気対策に伴って、地方財政が悪化し、行財政改革が迫られていた。このような状況を受け、自治省から1994（平成6）年に「地方公共団体における行政改革推進のための指針」が示された。指針のなかで、「出先機関の統廃合等、組織機構の簡素・合理化を引き続き推進する」とされたことにも注目すべきである。これらのことから、都道府県の総合出先機関新設は抑制されたと考えられ、事実上の新設は岩手県のみであった。

2　総合出先機関と地方分権

2000（平成12）年以降の都道府県の総合出先機関の動向は、表8-9のとおりであるが、1990年代と比べると著しいものがあり、整理すると3つの類型に分けることができる。第1は、これまで総合出先機関を設置していなかった府県が新たに設置するもので12県が該当する。第2は、これまで総合出先機関を設置していた府県が、統合または廃止を行なうもので11道府県である。第3は、名称を改称するもので3県である。特徴的なことは、2000（平成12）年から2004（平成16）年までの前期と2005（平成17）年以降の後期に分けた場合、総合出先機関を新設する府県は、前期7県から後期5県と減少基調に転じている。

その要因としては、1999（平成11）年の地方分権一括法の制定による地方分権の機運の高まりのなかで、地域において府県行政を総合的に推進することが重視されたことによるものと考えられる。たとえば、秋田県では総合出先機関である地域振興局の目指す地域行政の姿として、総合的な行政の推進、地域を起点とした地域づくり、県民に身近で頼りがいのある行政の展開の3点を挙げている。

また、総合出先機関を統廃合する府県は、前期は京都府のみであった

が、後期は 10 道県と急激に増加している。2004（平成 16）年から 2005（平成 17）年にかけては、「平成の大合併」の全容が明らかになりつつあった時期であり、2004（平成 16）年には 3,100 市町村が 2005（平成 17）年には 2,395 へと 1 年間で 2 割以上も減少した。都道府県によっては、1 つの総合出先機関の区域内にわずか 2、3 の市町村が存在するのみというところも出てきた。このような状況に対応するために、総合出先機関の見直しが進んだのである。

表 8-9　2000 年以降の総合出先機関の動向

年次	総合出先機関を新設	総合出先機関を統廃合	その他（名称の改称等）
2000 年	熊本県、鳥取県		石川県
2001 年	山形県、広島県		
2002 年	新潟県、山口県		
2003 年	秋田県		
2004 年		京都府	宮城県、長崎県
2005 年	群馬県、徳島県	岩手県、岡山県、**静岡県**	
2006 年	青森県、島根県	**山梨県**、**三重県**、大分県、	
2007 年	鹿児島県		
2008 年		愛媛県	
2009 年		兵庫県、**広島県**、北海道	

（出所）　各府県のホームページをもとに筆者が作成。
（注）　表中、太字は総合出先機関を廃止した県。

【注】

(1) 平井 龍「地方課長の地位」『自治時報』5巻9号帝国地方行政学会、1952年、25頁。
(2) 大森 彌「分権時代の自治行政組織」大森 彌・上田紘士編著『組織の開発と活性化』ぎょうせい、1998年、16頁。
(3) 大森 彌『変化に挑戦する自治体』第一法規、2008年、34頁。
(4) 兼子 仁「地方自治と私」日本地方自治学会編『自治制度の再編戦略』敬文堂、2003年、12頁。
(5) 時事通信社『官庁速報』2005年12月13日。
(6) 自治省『市町村の合併の推進についての指針』1999年。なお、ここで述べられているメリットは政府関係の資料において数多く引用されている。(たとえば、地方自治研究会編『Q&A市町村合併ハンドブック』ぎょうせい、2007年、50-52頁)
(7) 市町村の合併に関する研究会『「平成の合併」の評価・検証・分析』2008年、2頁。
(8) 本節は、山之内稔「都道府県における総合出先機関」(『地方自治研究』第23巻第2号、2008年8月)を加筆修正した。
(9) 大霞会編『内務省史第2巻』(財)地方財務協会、1970年、186頁。
(10) 大霞会編『内務省史第2巻』(財)地方財務協会、1970年、202頁。
(11) 鳴海正泰『地方自治体入門』日本経済新聞社、1981年、26頁。

参考文献

阿部泰隆『政策法務からの提言――やわらか頭の法戦略』日本評論社、1993年。
石井敏弘「地方衛生研究所の責任と役割」『都市問題』2006年12月号、東京市政調査会、2006年、76-82頁。
石原俊彦「地方自治体における行政評価の基礎」『産研論集』第30号、2003年、13-28頁。
石原俊彦『CIPFA』関西学院大学出版会、2009年。
市川市契約事務研究会『市町村の実務と課題　契約課・管財課』ぎょうせい、1994年。
犬飼　隆『文字・表記探求法』朝倉書店、2002年。
井上睦己『誰でも成功するネーミング入門』実業之日本社、2003年。
大森　彌『変化に挑戦する自治体』第一法規、2008年。
大森　彌・上田紘士編著『組織の開発と活性化』ぎょうせい、1998年。
荻田　保「府県に企画部を設けよ」『自治研究』第38巻第5号、良書普及会、1962年、3-12頁。
科学技術庁『昭和33年版科学技術白書』大蔵省印刷局、1958年。
科学技術庁『平成4年版科学技術白書』大蔵省印刷局、1992年。
金井利之「自治体における政策法務とその管理」『ジュリスト』NO. 1338、有斐閣、2007年。
金澤史男編『財政学』有斐閣、2005年。
菊永孝彦「日本版SOX法対応の決め手　シェアードサービス」『ソリューションIT』リックテレコム、2006年7月、46-51頁。
久世公堯・松本英昭『演習地方自治法』第一法規、1974年。
久保信保編『地方公共団体のあり方と市町村合併』ぎょうせい、2003年。
経済企画庁総合計画局編『日本の社会資本』東洋経済新報社、1998年。
公会計改革研究会編『公会計改革』日本経済新聞出版社、2008年。
郷原信郎『「法令遵守」が日本を滅ぼす』新潮社、2007年。
小島卓弥ほか「行政アウトソーシング新事例第8回～12回」『地方財務』2007年12月号～2008年4月号、ぎょうせい。
佐々木信夫『現代行政学』学陽書房、2000年。
椎葉村編『椎葉村史』椎葉村、1994年。
静岡県・(財) 静岡総合研究機構編著『県庁を変えた「ひとり1改革運動」』時事通信社、2007年。
自治体学会編『自治体のコンプライアンス』第一法規、2008年。
島田晴雄・渥美由喜『少子化克服への最終処方箋』ダイヤモンド社、2007年。
城山三郎『官僚たちの夏』新潮社、1980年。

城山英明・鈴木寛・細野助博編著『中央省庁の政策形成過程──日本官僚制の解剖』中央大学出版部、1999年。
新藤宗幸『地方分権　第2版』岩波書店、2002年。
鈴木喜博・山本和広「浜松市債権管理条例──滞納削減に向けた取組み」『自治体法務研究』第13号、ぎょうせい、2008年。
園田智昭「シェアードサービスの管理会計」『企業会計』第59巻第3号、中央経済社、2007年。
大霞会編『内務省史第四巻』(財) 地方財務協会、1960年。
高部正男編著『執行機関』ぎょうせい、2003年。
田中一昭・岡田　彰編著『中央省庁改革』日本評論社、2000年。
地方財務制度研究会編著『詳解地方財務事務』第一法規、1974年。
東京新聞取材班『破綻国家の内幕』角川書店、2005年。
東京都編『東京都職制沿革』東京都、1996年。
(独) 中小企業基盤整備機構『平成19年度公設試験研究機関現況』2007年。
都市問題研究会『都市問題研究』第60巻第2号、都市問題研究会、2008年。
都政研究編集部「繰り返す中枢機能組織の改編」『都政研究』33巻1号、2000年、10-14頁。
内閣府編『平成20年版少子化社会白書』(独) 国立印刷局、2008年。
長野県編『長野県の行政組織』長野県、1968年。
名古屋市編『名古屋市史』名古屋市、1916年。
西尾　勝・村松岐夫著『講座行政学4』有斐閣、1994年。
西尾　勝・小川正人編著『分権改革と教育行政──教育委員会・学校・地域』ぎょうせい、2000年。
日本地方自治学会編『自治制度の再編戦略』敬文堂、2003年。
(財) 日本都市センター編『市役所事務機構の合理化』(財) 日本都市センター、1966年。
(財) 日本都市センター編『分権型社会の都市行政と組織改革』(財) 日本都市センター、1999年。
(財) 日本都市センター編『新しい市役所事務機構』(財) 日本都市センター、1978年。
(財) 日本都市センター編『新しい市役所事務機構の方向』(財) 日本都市センター、1987年。
(財) 日本都市センター編『分権型社会における自治体法務』(財) 日本都市センター、2001年。
根岸健二「岡山市における行政執行適正化の推進について」『コンプライアンスと行政運営』(財) 日本都市センター、2008年。
原田三郎『公務員倫理講義』ぎょうせい、2007年。
原田尚彦『〈新版〉地方自治の法としくみ』学陽書房、2003年。
日立市財政事務研究会『市町村の実務と課題　財政課』ぎょうせい、1992年。
平井　龍「地方課長の地位」『自治時報』5巻9号、帝国地方行政学会、1952年。
福田淳一編『会計法精解』(財) 大蔵財務協会、2007年。

ホールデンほか著岸上英吉訳『トップ・マネジメント』ダイヤモンド社、1951 年。
北海道『道立試験研究機関の改革及び地方独立行政法人制度導入に関する指針』2008 年。
堀内 孜編集代表『教育委員会の組織と機能の実際』ぎょうせい、2001 年。
牧瀬 稔『政策形成の戦略と展開』東京法令出版、2009 年。
牧原 出「計画・調整」森田 朗編『行政学の基礎』岩波書店、1998 年。
町田祥弘『内部統制の知識』日本経済新聞出版社、2007 年。
松谷明彦・藤正巖『人口減少社会の設計』中央公論新社、2002 年。
宮元義雄『地方財務会計制度の改革と問題点』学陽書房、1963 年。
宮元義雄『地方自治体の監査委員』学陽書房、1993 年。
宮元義雄『官官接待と監査』学陽書房、1997 年。
山崎重孝編著『行財政運営の新たな手法』ぎょうせい、2006 年。
横浜市立大学大学院編『都市経営の科学』中央経済社、1997 年。
臨時行政調査会『行政の改革』時事通信社、1967 年。

【著者略歴】

石原　俊彦（いしはら　としひこ）

1984 年 3 月　関西学院大学経済学部卒業
1989 年 3 月　関西学院大学大学院商学研究科博士課程後期課程満期退学
1989 年 8 月　公認会計士登録
1995 年 4 月　関西学院大学産業研究所助教授
2000 年 3 月　博士（商学）の学位を関西学院大学より授与される
2000 年 4 月　関西学院大学産業研究所教授
2005 年 4 月　関西学院大学専門職大学院経営戦略研究科教授（現在に至る）
2008 年 4 月　関西学院大学大学院経営戦略研究科博士課程後期課程指導教授(現在に至る)
2009 年 4 月　関西学院大学専門職大学院経営戦略研究科長（現在に至る）
現在　　英国バーミンガム大学公共政策学部客員教授
　　　　英国勅許公共財務会計協会名誉会員　英国勅許公共財務会計士（CPFA）
　　　　総務省地方行財政検討会議構成員
　　　　総務省今後の新地方公会計の推進に関する研究会構成員
　　　　日本公認会計士協会理事　会計大学院協会副理事長　京都府参与（行財政担当）

主要著書（単著・編著・監修書）

『監査意見形成の基礎』中央経済社、1995 年。（第 24 回日本公認会計士協会学術賞受賞）
『リスク・アプローチ監査論』中央経済社、1998 年。（第 12 回日本内部監査協会青木賞受賞）
『地方自治体の事業評価と発生主義会計』中央経済社、1999 年。
『地方自治体バランススコアカード』東洋経済新報社、2004 年。
『自治体行政評価ケーススタディ』東洋経済新報社、2005 年。
『自治体職員がみたイギリス』関西学院大学出版会、2008 年。
『CIPFA：英国勅許公共財務会計協会』関西学院大学出版会、2009 年。
『地方自治体ファイナンス』関西学院大学出版会、2010 年。

山之内　稔 (やまのうち　みのる)

- 1978年3月　九州大学法学部卒業
- 1978年4月　宮崎県庁採用　その後、企画調整部青少年課、延岡県税事務所、環境保健部環境保全課、企画調整部企画調整課、同情報システム課、林務部林政課を経て
- 1992年4月　小林県税事務所総務課納税係長
- 1995年4月　総務部地方課税政係長
- 1999年4月　東京事務所行政第2課長
- 2002年4月　企画調整部情報政策課 課長補佐
- 2005年4月　総務部行政経営課 課長補佐
- 2007年4月　南那珂農林振興局次長（総括）
- 2009年4月　農政水産部地域農業推進課長（現在に至る）
- 2009年4月　関西学院大学専門職大学院経営戦略研究科非常勤講師（地方自治体組織論担当）（現在に至る）

地方自治体組織論

2011年2月25日初版第一刷発行
2012年1月20日初版第二刷発行

著　者　石原俊彦　山之内稔

発行者　田中きく代
発行所　関西学院大学出版会
所在地　〒662-0891
　　　　兵庫県西宮市上ケ原一番町1-155
電　話　0798-53-7002

印　刷　協和印刷株式会社

©2011 Toshihiko Ishihara, Minoru Yamanouchi
Printed in Japan by Kwansei Gakuin University Press
ISBN 978-4-86283-079-1
乱丁・落丁本はお取り替えいたします。
本書の全部または一部を無断で複写・複製することを禁じます。
http://www.kwansei.ac.jp/press